RÉFORME
DE LA LÉGISLATION RELATIVE
A L'OUTRAGE AUX BONNES MŒURS

RÉFORME

DE LA

LÉGISLATION RELATIVE

A

L'OUTRAGE AUX BONNES MŒURS

L'outrage aux bonnes mœurs
considéré comme portant atteinte au droit du père de famille
d'assurer l'éducation sexuelle de ses enfants mineurs.

PAR

PIERRE ARNAUD

Docteur en Droit
Diplômé de l'Ecole des Sciences politiques
Avocat stagiaire à la Cour d'Appel de Paris

PARIS

LIBRAIRIE ARTHUR ROUSSEAU
ROUSSEAU & Cⁱᵉ, Éditeurs
14, RUE SOUFFLOT ET RUE TOULLIER, 13 (Vᵉ)

1927

INTRODUCTION

Dans un livre récemment paru M. Lionel d'Autrec fait le procès de la législation relative aux bonnes mœurs. Il passe en revue les livres qui ont fait l'objet de poursuites. Il indique ensuite certains ouvrages que la Cour d'assises n'a pas eu à juger. Le lecteur s'aperçoit avec stupéfaction que les livres les plus obscènes appartiennent à cette seconde catégorie. Il ne comprend pas l'incohérence des poursuites. Il découvre l'arbitraire de la répression et, comme le juré appelé à statuer sur le sort d'un pornographe, il est amené à préférer l'impunité à l'injustice.

En partant de ces considérations nous avons fait une analyse minutieuse du délit d'outrage aux bonnes mœurs. L'énervement de la répression provient de l'imprécision du délit. L'outrage aux bonnes mœurs considéré comme portant atteinte à la pudeur publique est à peine concevable. Nous avons été amené à préciser ce délit, à le considérer comme une initiation trop précoce de l'enfant aux questions sexuelles, comme une atteinte portée au droit du père de famille d'assurer l'éducation morale de son enfant.

1

On objectera « vous laissez impunis tous les ouvrages scandaleux mis hors de la portée du mineur. La société est directement visée par le développement de la pornographie. La licence des mœurs est une cause de désordre social et de décadence».

Nous répondrons : « Bien loin d'être la cause de l'abaissement du niveau de la moralité d'un peuple, l'outrage aux bonnes mœurs n'en est peut-être que la conséquence et le témoignage. »

Il faut savoir séparer le droit de la morale comme il faut savoir séparer le droit de la religion. Sans doute il y eut une époque où la religion était juridiquement consacrée. Sans doute le plus souvent le Droit est de la morale pourvue de sanctions. Mais il faut savoir discerner le moment où la morale n'a plus besoin de sanction juridique, le moment où elle est une affaire de conscience individuelle. Pour que le droit intervienne il faut des intérêts à protéger. Au cours de mes explications ultérieures, je montrerai que la pudeur d'un homme mûr n'a pas besoin de protection. Elle a eu à subir des assauts plus rudes que la vue d'une image obscène. L'enfant au contraire est sans défense. Il risque par une initiation précoce d'être perverti profondément et à jamais. La loi doit le prendre sous sa sauvegarde.

Au reste à quoi bon des lois multiples visant un délit social d'outrage aux bonnes mœurs, puisque ces lois sont inefficaces ? A quoi bon menacer une foule si on ne peut frapper personne ? A quoi bon vouloir protéger tout le monde si on ne peut protéger personne ?

La réforme que je propose est pratique. Elle rend la répression moins arbitraire et plus efficace, sans rien bouleverser, sans saper les principes fondamentaux de notre droit, à la différence d'autres réformes proposées par des jurisconsultes éminents.

PREMIÈRE PARTIE

CRITIQUES DE LA CONCEPTION SOCIALE DE L'OUTRAGE AUX BONNES MŒURS

CHAPITRE PREMIER

Exposé historique et critique
de notre législation
relative à l'outrage aux bonnes mœurs (1)

Examinons succinctement des lois qui ont visé à réprimer l'outrage aux bonnes mœurs. Nous constaterons ainsi toute l'insuffisance de notre législation. Nous en chercherons les causes. Nous essayerons ensuite de proposer une réforme rationnelle et efficace.

(1) EYQUEM, *De la répression des outrages à la morale publique et aux bonnes mœurs,* 1905, p. 7 et suiv.
Répertoire pratique Dalloz, Presse outrage, n° 430.

Sous l'ancien régime la question ne se posait pas avec la même acuité que de nos jours. La pornographie disposait de moyens restreints. Elle était jugulée par la rigueur des mesures préventives. Tout imprimé était soumis à l'autorisation. La profession d'imprimeur n'était pas ouverte au premier venu. Elle nécessitait l'obtention d'un privilège. Dans ces conditions le besoin de la répression ne se faisait pas sentir.

La situation changea au cours de la révolution. La profession d'imprimeur devint libre en vertu du décret du 17 mars 1791 qui supprimait les brevets et les maîtrises. Les mesures préventives abolies il fallait recourir à des mesures répressives. C'est ce qui se produisit.

La loi du 19 juillet 1791 confondait avec quelque raison, l'outrage aux bonnes mœurs et l'outrage public à la pudeur. Son article 8 est ainsi conçu : « Ceux qui seraient prévenus d'avoir attenté publiquement à la pudeur des femmes par des actions deshonnêtes, par exposition ou vente d'images obscènes, d'avoir favorisé la débauche ou la corruption de jeunes gens de l'un ou l'autre sexe, pourront être saisis sur le champ et conduits devant le Juge de Paix, lequel est autorisé à les faire retenir jusqu'à la prochaine audience de la Police correctionnelle. » Cette loi était incomplète. Elle ne protégeait que la pudeur des femmes. Elle ne visait que l'outrage aux bonnes mœurs commis par les images et ne s'occupait pas du livre. Cette loi était insuffisante. Elle plaçait à la base du délit la notion d'obscène, notion vague, élastique, dangereuse. Pétion avec beaucoup d'intelligence, critiquait déjà le mot « obscène ». Il aurait voulu le remplacer par un terme plus précis, plus net. Il craignait l'arbitraire du juge chargé de tracer les limites entre l'obscène et l'Art. Il avait raison. Mais la raison éprouve toujours beaucoup de difficulté pour se faire entendre. L'expression « obscène » fut maintenue après que le rapporteur Demeunier eut essayé de la justifier : « Il ne s'agit point du tout de supprimer les nudités que consacrent les Arts, et j'avertis l'assemblée que dans l'église de Saint-Pierre de Rome on voit des peintures représentant des personnages absolument nus qui ne paraissent à personne des sujets obscènes, les juges ne s'y méprendront pas et sauront bien distinguer les objets auxquels doit s'appliquer cette qualification qui ne peut nullement être confondue avec la nudité servant aux Arts. »

Lors de la promulgation du code pénal, la loi de 1791 fut abrogée. L'article 287 fut ainsi rédigé : « Toute exposition ou distribution de chansons, pamphlets, figures ou images contraires aux bonnes mœurs, sera punie d'une amende de 16 à 500 francs, d'un emprisonnement d'un mois à un an ». Le code pénal visait uniquement dans cet article l'outrage aux bonnes mœurs. Il a su faire la distinction entre ce délit et l'outrage public à la pudeur. Le législateur a pensé que l'acte causait une lésion directe, immédiate à un individu ; en conséquence, l'outrage public à la pudeur fut placé sous le titre 2 « crimes et délits contre les particuliers ». Il a considéré au contraire que l'obscénité renfermée dans un écrit, dans un dessin ou dans un chant, porte atteinte avant tout à l'ordre social ; en conséquence, l'outrage aux bonnes mœurs fut placé au titre 1er du livre 3, intitulé : « Crimes et délits contre la chose publique ». Cette distinction subsiste encore aujourd'hui. Elle n'est pas purement théorique. Elle présente des intérêts pratiques évidents. Elle a eu des conséquences désastreuses en ce qui concerne le droit des individus de mettre en mouvement l'action publique, de se constituer partie civile. C'était là, comme nous le ferons ressortir plus tard, la conséquence inéluctable de l'obscène considéré comme lésant la société toute entière.

La loi du 17 mai 1819 fut promulguée dans une période de réaction politique et religieuse. Elle frappait en même temps l'outrage aux bonnes mœurs et l'outrage à la morale publique et religieuse. Cette confusion engendra des conséquences déplorables. Les infractions à la morale publique et religieuse étant considérées comme des délits de presse, les outrages aux bonnes mœurs furent par contre-coup considérés eux aussi comme tels. C'était là le germe d'une erreur, dont les effets se font encore sentir aujourd'hui.

La loi du 29 juillet 1881 posait un principe de liberté, article 1. « L'imprimerie et la librairie sont libres », art. 5. « Tout journal ou écrit périodique peut être publié, sans autorisation préalable et sans dépôt de cautionnement, après la déclaration prescrite par l'article 7 ». Plus de mesures préventives, plus de restrictions, et, pour punir les infractions que pourra commettre la Presse, cette puissance nouvelle, une sorte de code de procédure particulier. Cette législation libérale était admissible pour les délits d'opinion. Elle ne l'était pas pour l'outrage aux bonnes mœurs apparenté aux délits de droit commun. Développer la Presse était un principe excellent, mais dangereux. C'était s'exposer à une recrudescence de pornographie. Il fallait édicter des mesures draconiennes pour protéger les bonnes mœurs. Le législateur n'en a rien fait.

Le texte primitif de notre grande loi de 1881 frappait « l'outrage aux bonnes mœurs, commis par l'un des moyens énoncés en l'article 24 ». Il ne distinguait pas entre le livre et le dessin. Par bonheur, au cours de la séance du Sénat, le 16 juillet 1881, M. Robert de Massy fit ressortir le danger présenté par le dessin. Il voulait une répression plus forte pour le dessin que pour le livre. Son idée fut adoptée et consacrée par l'article 28 de la nouvelle loi. « L'outrage aux bonnes mœurs commis par l'un des moyens énoncés en l'article 23 sera puni d'un emprisonnement d'un mois à deux ans et d'une amende de 16 à 2.000 francs.

Les mêmes peines seront applicables à la mise en vente, à la distribution ou à l'exposition de dessins, gravures, peintures, emblèmes ou images obscènes. Les exemplaires de ces dessins, gravures, peintures, emblèmes ou images obscènes exposés au regard du public, mis en vente, colportés ou distribués, seront saisis. » Les moyens énoncés par l'article 23 étaient « les discours, cris ou menaces proférés dans des lieux ou réunions publics, soit par des écrits, des imprimés, vendus ou distribués, mis en vente ou exposés dans des lieux ou réunions publics, soit par des placards ou affiches, exposés au regard du public. » En vertu de l'article 45 les délits prévus par le paragraphe 1 de l'art. 28 étaient soumis à la Cour d'Assises ; les délits prévus par le paragraphe 2 de ce même article étaient déférés aux Tribunaux de Police Correctionnelle.

Quels furent les effets de cette loi ? Les pornographes se livrèrent librement à l'exercice de leur métier inavouable. Il y eut un débordement de publications obscènes. Les brochures, les livres étaient à peu près sûrs de l'impunité. La procédure de la Cour d'assises était beaucoup trop lente, beaucoup trop coûteuse et beaucoup trop solennelle, pour que l'on songeât à la mettre en mouvement, afin de réprimer les innombrables délits qui se commettaient sous le couvert de la liberté de la Presse. La saisie préventive n'était pas autorisée. Le juge d'instruction ne pouvait saisir que quatre exemplaires de l'ouvrage poursuivi et encore ces exemplaires devaient-ils être restitués après la condamnation. Enfin la prescription de 3 mois à dater de la promulgation était beaucoup trop courte. Le législateur semblait craindre de frapper trop durement les pornographes.

En présence de cet échec le Parlement dut s'occuper presque immédiatement de réformer cette loi de 1881, malheureuse dans sa conception comme dans son application. Le Garde des Sceaux, M. Humbert, reconnaissait la faillite de la loi de 1881. « Le Gouvernement demande l'urgence, attendu qu'en présence des lois actuelles, il est entièrement désarmé contre les publications obscènes qui se vendent à 30.000 exemplaires tous les jours à la porte des lycées et des maisons d'éducation. » Le Gouvernement voulait agir. Il assimilait, par un retour à la loi de 1791, le délit d'outrage aux bonnes mœurs à celui de l'outrage public à la pudeur. Le délit qui nous occupe serait entré dans l'article 330 du Code pénal. Idée juste, raisonnable. Le pornographe ressemble étrangement à l'auteur d'un outrage à la pudeur. Le premier choque par des écrits ou dessins la pudeur que le second outrage par des actes. Par malheur ce projet n'eut pas de succès. Il fut modifié par la commission et la loi du 2 août 1882 fut guidée par des considérations toutes différentes.

Elle a fait une distinction basée sur le mode de perpétration du délit. L'outrage commis par la parole (c'est-à-dire par des discours, chants ou cris obscènes) ou bien par écrits mais dans un seul cas, celui du livre, continue d'être un délit de Presse prévu par l'article 28, alinéa 1 de la loi du 29 juillet 1881. L'outrage commis par des écrits, par imprimés autres que le livre, par affiches, dessins, gravures, peintures, emblèmes ou images est un délit de droit commun prévu par la loi de 1882 elle-même.

La loi de 1882 devint très vite elle aussi insuffisante, M. d'Estournelles le fit ressortir dans son rapport à la Chambre (1). « Toutes les industries se perfectionnent rapidement, celle de la pornographie comme les autres, sinon davantage, grâce aux progrès de l'imprimerie, de la photographie et de l'image, grâce au bon marché et à la multiplication croissante des communications postales, grâce au développement enfin de la réclame ; elle a ses prospectus illustrés et quand elle ne parvient pas à les répandre sur la voie publique, elle les adresse à domicile. Rien dans la loi de 1882 ne l'en empêche ; elle a ce droit et elle en use ; elle expédie en masse ses catalogues à des associations juvéniles... De même sont répandues dans certains journaux des annonces et des correspondances qui ne sont qu'un appel public à la débauche des enfants ; de même on met en vente et on leur offre des images ou objets obscènes dont les prospectus ont été répandus par milliers à domicile ;

(1) Dalloz, 1898-4-22.

de même encore la chanson la plus abjecte peut presque impunément être chantée dans la rue faute d'une sanction efficace et prompte. »

Il fallait des réformes. Une loi nouvelle fut votée le 16 mars 1898. Elle a substitué aux mots «obscènes» l'expression «obscènes ou contraires aux bonnes mœurs». Pour la première fois le mineur a été spécialement protégé. Si le délit est commis envers des mineurs la vente ou l'offre n'ont plus besoin d'être publiques et la peine est portée au double. Enfin la loi a défini de nouveaux délits : la vente, l'offre, l'exposition, la distribution dans les lieux publics « d'objets » obscènes ; la distribution à domicile et la remise sous bande ou enveloppe non fermée à la poste ou à un agent de distribution et de transport ; les annonces ou correspondances publiques contraires aux bonnes mœurs ; la mise en vente, la vente ou l'annonce de livres condamnés.

Une dernière loi du 7 avril 1908 a étendu aux majeurs la disposition de la loi de 1898, relative à la publicité, qui ne visait que le mineur. Désormais sont punies « la vente, la mise en vente ou l'offre, même non publiques ».

Quelles conclusions tirer de ce rapide aperçu historique ? Quelles critiques peut-on adresser à la législation qui a visé à réprimer l'outrage aux bonnes mœurs ?

Ce qui frappe d'abord c'est la multiplicité des lois qui régissent cette matière. Le législateur, au lieu d'obéir à une conception unique et rationnelle, s'est laissé guider par les nécessités pratiques. En 1881, il pose le principe de la liberté de la Presse. De là l'essor des productions pornographiques. Les journaux, selon l'expression si juste de M. Fouillé, s'érigent « en bourse de débauche ». A peu près à la même époque l'obscénité acquiert à son service des moyens nouveaux et singulièrement puissants ; le cinématographe, le phonographe, la photographie. La débauche s'amplifie de jour en jour. Contre ce fléau que fait le législateur ? Il vote de nouvelles lois pour essayer de remédier aux défauts des lois antérieures, et ces lois sont inefficaces. Il agit comme le propriétaire dont la maison menace ruine et qui, au lieu de reconstruire, répare par ci, par là, à mesure que les murs se lézardent. Il devrait élaborer une loi, dans laquelle il viserait un but précis et mettrait tout en œuvre pour atteindre ce but.

La conséquence directe de la manière de procéder employée par le législateur, c'est l'incohérence de nos lois. Parti du principe que l'outrage aux bonnes mœurs est un délit de Presse relevant de la Cour d'assises, le législateur en est arrivé à supprimer cette compétence, exception faite pour le livre. Rien ne justifie cette distinction que le Garde des Sceaux Darlan a fait adopter (1). « Le danger résultant du livre, disait-il, est in-

(1) Dalloz, 1898-4-22.

finiment plus restreint que celui résultant des écrits, prospectus, dessins visés par le projet. Ce danger est en effet limité par le prix du livre, par le public auquel il s'adresse, par les circonstances dans lesquelles il est offert et mis en vente, par la surveillance que le père de famille peut exercer à son égard. » Mauvaises raisons. Le livre obscène ne s'adresse pas à une élite. Par son bon marché il est mis à la portée de toutes les bourses. Il s'étale dans les vitrines des libraires, sur les quais, exposé à la vue de tous. Il est aussi dangereux que les dessins et les autres imprimés. Il faut donc une répression unique pour tous les modes d'outrages aux bonnes mœurs. Ou bien on se trouve en présence de délits de Presse, et la Cour d'assises doit être compétente dans tous les cas ; ou bien on se trouve en présence de délits de droit commun, et la compétence sera attribuée au Tribunal de Police Correctionnelle.

Le délit d'outrage aux bonnes mœurs est-il un délit de Presse ? Le législateur l'a pensé. Il s'est trompé. Les raisons qui justifient l'existence du Jury en matière de délit de Presse n'existent pas quand il s'agit de l'outrage aux bonnes mœurs. Le législateur a voulu que les délits d'opinion soient soustraits au jugement de magistrats, intègres sans doute, mais qui auront tendance à soutenir les idées du Gouvernement. Il a voulu qu'en cette matière l'arbitre soit l'homme de la rue, le juré, celui qui est soumis aux mêmes flottements, aux mêmes luttes, aux mêmes influences que l'accusé. Rien de semblable en matière d'outrage aux bonnes mœurs. L'outrage aux bonnes mœurs n'est pas un délit d'opinion, il s'apparente à l'outrage public à la pudeur, à l'excitation de mineurs à la débauche. C'est un délit de droit commun. Si on en soumet l'auteur à la Cour d'assises, il n'y a pas de raison pour ne pas soumettre le même délinquant à la Cour d'assises quand il commet un vol, une escroquerie ou un abus de confiance.

Enfin, et c'est la critique la plus importante que l'on puisse faire à notre législation, le délit n'a jamais été défini. Qu'est-ce que l'outrage aux bonnes mœurs ?

Les bonnes mœurs sont une notion très connue en matière juridique. Le code civil nous en parle. L'article 6 est ainsi conçu : « On ne peut déroger par des conventions particulières, aux lois qui intéressent l'ordre public et les bonnes mœurs ». Cette expression de bonnes mœurs a-t-elle le même sens en droit civil et en droit pénal ? Dans les deux domaines les bonnes mœurs ont fait l'objet de discussions interminables. En droit civil les bonnes mœurs se confondent avec la morale. Quand une loi intéresse-t-elle les bonnes mœurs ? c'est une question de fait, qu'il appartiendra aux Tribunaux de trancher. A ce propos je relève dans le traité de droit civil de M. Planiol les remarques suivantes (1), d'une importance considérable pour

(1) Planiol, *Traité élémentaire de droit civil*, 1920, n° 294.

nous, car elles pourraient s'appliquer au délit qui nous occupe.

« Pouvoir redoutable. Supposez-le exercé par des hommes passionnés, par des moralistes trop rigides ou par des esprits sectaires, la liberté civile pourrait y sombrer. Le seul contrepoids possible est ici l'opinion publique, le courant général des idées qui règle le niveau moral d'un peuple et qui crée une sorte de tolérance universelle. On dit qu'un peuple a toujours le Gouvernement qu'il mérite ; on peut dire de même qu'il a toujours une jurisprudence appropriée à son degré de moralité. » Les bonnes mœurs en droit civil et les bonnes mœurs en droit pénal ont un point commun ; c'est leur imprécision. Elles diffèrent en ce que, en droit civil on veut protéger la morale, en droit pénal la pudeur.

En matière d'outrage aux bonnes mœurs la notion essentielle, c'est celle de l'obscène. Nous étudierons avec soin le sens de ce mot dans un chapitre ultérieur. Nous nous bornons à constater son imprécision. Le législateur a été mal inspiré en voulant réprimer un délit, sans pouvoir dire en quoi consistait ce délit.

CHAPITRE II

Critique des réformes qui ne modifient pas le caractère même du délit

Nous avons mis en relief tous les défauts des lois relatives aux bonnes mœurs. Nous avons constaté l'impuissance du législateur à organiser une répression efficace. Nous avons montré que l'inefficacité de nos lois avait pour origine l'absence de vue d'ensemble. Pour faire une réforme vraiment utile il faut procéder par une analyse du délit, par une analyse de la notion « obscène ». Certains auteurs ont suivi une voie différente; ils ont proposé des réformes fragmentaires, au lieu de s'attaquer au principe même de la loi. Si leurs vœux étaient réalisés par le parlement, on aurait une loi nouvelle, qui tendrait à corriger la loi de 1908, comme celle-ci avait corrigé la loi de 1898. Les pornographes ne tarderaient pas à trouver des moyens nouveaux de tourner la loi. De nouveaux projets seraient encore nécessaires.

Il convient cependant d'examiner toutes ces idées présentées par des juristes et des hommes politiques éminents, afin de voir s'il n'y aurait rien à retenir.

On voudrait substituer la juridiction correctionnelle à la juridiction de Cour d'assises (1). Nous nous sommes, dans le chapitre précédent, montrés partisans de cette réforme et nous avons fait valoir des arguments, qui peuvent être invoqués à son appui.

On voudrait substituer la juridiction du tribunal de simple police à la juridiction correctionnelle pour les infractions commises au moyen de publications illustrées, dessins ou affiches. L'idée, émise par M. Bérenger, a fait l'objet d'un projet de loi déposé par M. Vallé. « Article 1ᵉʳ : Sera puni d'une amende de 10 à 15 francs et d'un emprisonnement de 5 jours au plus quiconque aura vendu, mis en vente, offert, exposé, affiché ou distribué sur la voie publique ou dans les lieux publics des imprimés autres que le livre, des affiches, dessins, gravures, peintures, emblèmes, objets ou images obscènes ou contraires aux bonnes mœurs... En cas de récidive dans les 12 mois qui auront suivi la condamnation devenue irrévocable, prononcée par le tribunal de simple police, l'inculpé sera traduit devant le tribunal correctionnel et puni des peines édictées pas l'article 2 de la présente loi (ancien article 1ᵉʳ de la loi de 1882) ». A l'appui de ce projet on fait les remarques suivantes :

Le tribunal de simple police a été créé principalement pour les infractions dont la preuve est presque

(1) NOURRISSON, *Etude sur la répression des outrages aux bonnes mœurs*, 1905, p. 105.

toujours flagrante ou peut être faite par un procès-verbal.

Les contraventions ne nécessitent pas l'intention frauduleuse ; la question de bonne foi ne se poserait plus. La répression serait facile.

L'application de la loi de 1898 paraissait trop rigoureuse. La condamnation pouvait s'élever de 100 à 5.000 francs d'amende et de un mois à deux ans d'emprisonnement. Le projet Vallé diminue la peine. Il facilite la répression. La condamnation du tribunal de simple police va jouer le rôle d'avertissement. En cas de récidive dans l'année ce seraient les peines sévères de la loi de 1898 qui s'appliqueraient.

Cette réforme nous paraît inacceptable. Il n'est pas certain que la preuve du délit soit plus facile à faire pour les publications illustrées, dessins ou affiches que pour le livre. Dans certains cas le titre seul du livre va indiquer clairement le contenu. Il sera aussi facile de constater l'obscénité de ce livre que de constater l'obscénité d'un dessin.

Les auteurs, partisans de cette réforme, font relever les publications illustrées, dessins, affiches, du tribunal de simple police. Par là même, les peines vont se trouver modifiées. Elles ne pourront excéder 5 jours d'emprisonnement et 15 francs d'amende. Voilà donc un délit puni d'une peine très forte, pouvant s'élever à 2 ans de prison, qui va se transformer, à cause de la facilité de la preuve, en un délit puni au maximum de

5 jours de prison. C'est inadmissible. Pour établir les peines il faut tenir compte de la culpabilité du délinquant, non de la facilité de la preuve.

Il y a plus. Le livre étant soumis par ces réformateurs à la compétence du tribunal correctionnel serait puni de peines très sévères. Nous ne comprenons pas pourquoi le livre, mis jusqu'ici dans une situation favorable par rapport aux dessins, serait mis aujourd'hui au contraire, par compensation pourrait-on dire, dans une situation défavorable.

La culpabilité de l'auteur d'un dessin obscène n'est pas inférieure à celle de l'auteur d'un livre obscène. La pudeur lésée par le dessin obscène ne l'est pas davantage par le livre. L'inégalité dans la répression est incompréhensible.

On voudrait reconnaître le droit de poursuite aux associations. L'idée a été lancée très brillamment par M. Nourrisson dans son livre « l'association contre le crime ». Nous aurons à étudier cette question dans un chapitre postérieur. Nous indiquerons à ce moment-là les raisons qui conduisent à écarter cette réforme.

Enfin, beaucoup de moralistes se plaisent à préconiser l'amélioration des mœurs et de l'éducation (1).

(1) 3e Congrès national contre la pornographie, Lyon, 24-25-26 mars 1922. GOBLOT : « Les images, écrits et paroles ne sont appelés pornographiques que quand ils sont destinés à provoquer, stimuler et répandre l'immoralité sexuelle. La pornographie est l'effet de la corruption des mœurs, bien plutôt

Si tout le monde était vertueux, les pornographes,
cela est évident, n'auraient plus de clientèle et seraient
forcés de chercher une autre profession. Mais la question est toute différente. Il s'agit de savoir comment
avec nos mœurs on pourrait réprimer efficacement
l'outrage aux bonnes mœurs. Vouloir modifier la mentalité d'un peuple est une entreprise chimérique.

qu'elle n'en est la cause. ...Ne nous faisons pas illusion : quand
nous aurons fait supprimer (ou dissimuler) quelques publications malpropres, interdire quelques pièces à scandale, le
niveau de la moralité publique n'en sera pas sensiblement
relevé. »

CHAPITRE III

Examen des législations étrangères

Nous avons montré que les réformes proposées ne
suffiraient pas à corriger les imperfections de nos
lois. Passons en revue les principales législations
étrangères. Voyons comment chaque pays suivant ses
mœurs, son passé, sa mentalité, a conçu et réprimé le
délit d'outrage aux bonnes mœurs. Peut-être trouve-
rons-nous des principes intéressants qui pourront
nous servir, pour élaborer un projet de réforme.

L'Italie (1). — Le Code italien promulgué le 30 juin
1889, contient un article 339, ainsi conçu :

« Quiconque offense la pudeur par des écrits, dessins
ou autres objets obscènes, distribués ou présentés sous
quelque forme que ce soit en public ou exposés en
vente est puni de la réclusion de 6 mois au plus et
d'une amende de 50 à 1.000 lires. Si le fait est commis
dans un but de lucre, la réclusion est de 3 mois à 1 an
et l'amende de 100 à 2.000 lires. »

(1) EYQUEM *op. cité*, p. 243.

Cet article est intéressant. Il contient une idée originale celle de faire varier la répression suivant le but poursuivi. Si le but recherché par l'auteur de l'infraction est un but de lucre, la peine est portée au double.

M. Eyquem critique cette disposition du Code pénal italien : « C'est la seule loi que nous sachions qui ait fait du lucre une circonstance aggravante. On peut se demander si c'était bien opportun. Cette distinction à nos yeux aurait le tort de jeter la confusion dans l'esprit des tribunaux : ceux-ci ne pourraient-ils pas frapper une œuvre artistique ? Bien certainement, l'un des berceaux de l'art, l'Italie, ne l'a point entendu ainsi. »

M. Eyquem commet une erreur. Selon lui la première partie de l'article 339 se référerait au cas où l'œuvre exposée, serait une œuvre d'art, au cas où l'idée du gain serait absente. Est-ce là ce qu'a voulu le législateur italien ? nous ne le pensons pas. Ce législateur s'est mal exprimé en écrivant : « Se il fatto sia commessa a fine di lucro ». Le délinquant visé dans la première partie du texte peut, lui aussi, poursuivre un but de lucre. La preuve en est que la loi frappe celui qui « expose en vente » des écrits ou autres objets.

En réalité le législateur italien a voulu faire preuve d'indulgence vis-à-vis de celui qui vend des écrits ou autres objets obscènes à leur valeur marchande, sans vouloir réaliser de bénéfice supplémentaire, car cela même prouve qu'il n'est pas un pornographe professionnel. Il a voulu se montrer sévère pour les entreprises pornographiques, qui, conscientes des pénalités auxquelles l'exercice de leur commerce inavouable les exposent, vendent leurs écrits ou objets bien au-dessus des cours commerciaux et réalisent des bénéfices scandaleux. Le mot, lucre, dans l'article 339 a donc un sens spécial.

La conception du législateur italien nous semble tout à fait raisonnable. M. Mittermaier l'adopte. Dans le grand ouvrage intitulé : « Vergleichende Darstellùng des deùtschen ùnd aùsländischen Strafrechts », il écrit (1) : « La loi doit bien examiner les deux hypothèses : celle où il s'agit de l'activité réduite d'un particulier et celle où il s'agit de la grande industrie, agissant dans un but de lucre (gewinnsüchtigen) ». On retrouve là le mot « lucre » employé avec le même sens que dans l'article 339.

Si à ce premier point de vue l'article 339 nous paraît raisonnable, il appelle la critique sur d'autres points. « Chicunque offende il pudore con scritture, disegni, o altri oggeti osceni ». Par sa rédaction il semble considérer les écrits et les dessins comme des objets. En outre quel est le sens du mot objet. Est-ce le sens étroit (comme dans la loi française) ou le sens large ?

(1) *Vergleichende Darstellung des deùtschen ùnd aùsländischen Strafrechts*, 1906, tome IV, p. 203.

Il semble que le Code veuille désigner tous les moyens de commettre le délit. Mais le mot par son imprécision, est dangereux.

De plus la loi fait, au point de vue des pénalités, une distinction entre le dessin, l'écrit, etc... et la parole, qui ne se justifie pas. L'outrage aux bonnes mœurs commis par la parole est réprimé dans l'article 490 qui vise, si nous pouvons nous exprimer ainsi, une forme mineure de l'outrage public à la pudeur, l'outrage public à la pudeur proprement dit étant frappé par l'article 338. L'article 490 s'occupe du fait de montrer des nudités par négligence et sans intention mauvaise. Il prévoit un arrêt d'un mois au plus et d'une amende de 10 à 300 lires. Assimiler l'outrage aux bonnes mœurs commis au moyen de la parole à l'outrage public à la pudeur n'aurait pas été une idée mauvaise. Nous verrons que cette assimilation a été faite en Allemagne et nous donnerons les arguments que l'on a fait valoir à son appui. Mais il était inopportun de confondre l'outrage aux bonnes mœurs commis au moyen de la parole avec l'outrage public à la pudeur involontaire de l'article 490. Les pénalités sont tout à fait insuffisantes. -

L'article 64 de la loi de sûreté publique du 28 décembre 1888 va plus loin que l'article 339. Cet article, nous l'avons vu, édicte des peines sévères, s'il s'agit d'objets *obscènes*. La loi de 1888 vise l'exposition en public « de dessins, images *offensant la morale ou les bonnes mœurs* ». Une amende de 50 lires au plus sera demandée au cas où l'auteur de l'infraction refuserait d'enlever ces dessins.

L'insuffisance évidente de cette législation a rendu nécessaire l'élaboration de nouveaux projets (1). Deux d'entre eux attireront notre attention : le premier, auquel ont travaillé MM. Luzzati, Salandra, Polacco, Orlando, Stopatto, et Nitti, a été déposé par le gouvernement ; le second, peu différent du premier est celui de M. Belotti.

Art. 1 et 2. — Le projet du gouvernement frappe d'emprisonnement, d'amende et de la peine accessoire de la suspension de l'exercice de l'art ou de la profession, « quiconque fabrique, imprime, reproduit, détient, importe ou fait importer, transporte ou fait transporter, des écrits, dessins, photographies, images ou autres objets obscènes, dans le but de les exposer, mettre en vente, louer ou mettre en circulation de quelque manière ou sous quelque forme que ce soit ; quiconque en fait commerce, même non public, les offre ou les annonce à l'aide de la publicité ».

Le projet étudie minutieusement les modes de perpétration du délit. Il supprime la condition de publicité. Il frappe les annonces. Il atteint la pornographie dans son centre vital : la fabrication (ce que ne fait pas notre loi française). Il est tout particulièrement in-

---

(1) *Revue pénitentiaire*, 1924, p. 305.

téressant en ce qu'il s'occupe du caractère international du délit. Supposons qu'un livre obscène est édité en France, puis importé en Italie par une maison de commerce qui centralise les productions pornographiques et de là expédié en Allemagne où il est vendu. L'éditeur français échappe à la répression, puisque la vente n'a pas lieu en France et que la « fabrication » n'est pas punie chez nous. De même sous l'empire de l'article 338 l'importateur italien n'est pas inquiété. Seul l'allemand peut être frappé, car la vente a lieu dans son pays et c'est chez lui que le délit se commet. Désormais l'éditeur ou l'importateur italien tomberait sous le coup de la loi. Il serait désirable, et même nécessaire, qu'une convention internationale étende à tous les pays, ces sages mesures prévues par le projet italien.

L'article 3 exonère de toute pénalité « les publications composées dans les limites requises par les études scientifiques ou artistiques », limites qui seront prévues par un règlement.

Le gouvernement aura là une tâche des plus délicates à accomplir. La délimitation de l'obscène d'une part, de la science et de l'art d'autre part, nous semble, en l'état actuel des choses, un travail impossible à faire.

Art. 4. — L'article 1, nous l'avons vu, n'exige pas la publicité. L'article 4 prévoit le cas où cette publicité se rencontrerait. Dans cette hypothèse il n'est plus nécessaire que l'écrit, le dessin, l'objet, soient obscènes, il suffit qu'ils soient licencieux ou qu'ils portent atteinte à la morale et à la décence publique.

Art. 5. — Il interdit la remise ou l'exhibition desdits objets même faites non publiquement, à des mineurs de 16 ans.

Le législateur italien, on le voit, se montre tout particulièrement soucieux de protéger la jeunesse contre les dangers de la dépravation. A l'exemple de certaines législations américaines, il cesse d'exiger la vente quand un mineur est menacé. Il punit le don, le prêt, le fait de montrer, et, notons-le bien, l'article 5 renvoyant à l'article 4 par l'expression « des dits objets », ici on n'exige pas l'obscène. Il suffit que l'objet soit licencieux ou porte atteinte à la morale ou à la décence publique.

Art. 6. — Il punit l'insertion, sous n'importe quelle forme dans les journaux ou dans toutes autres publications, des annonces relatives aux écrits, dessins ou objets dont il s'agit et des correspondances privées ainsi que toutes annonces anticonceptionnelles ou malthusiennes.

Nous verrons que l'un des reproches qu'on peut adresser à notre législation française, est de ne pas atteindre les annonces de « maison de massage » ou les correspondances par la voie des journaux, car elle exige, pour punir, le caractère d'obscénité. Le projet italien échappe à cette critique. L'article 6 renvoie encore à l'article 4 ; il suffit que l'annonce ou la correspondance soit licencieuse ou porte atteinte à la morale ou à la décence publique, pour qu'elle tombe sous le coup de la loi pénale.

Examinons à présent le projet Bellotti. Il se différencie du projet du gouvernement principalement par article 11, ainsi conçu : « Les violations de la présente loi pourront être constatées non seulement par les officiers et agents de la sûreté publique, mais encore par les représentants des associations de citoyens, ayant pour but la sauvegarde de la moralité publique et reconnues dans les formes prévues par le règlement annexe ».

Nous sommes hostiles à cette innovation et nous indiquerons plus tard pourquoi. Toutes nos préférences vont au projet du gouvernement qui, s'il n'est pas déjà voté à l'heure actuelle, ne tardera sans doute pas à l'être.

2. **Allemagne.** — L'article 184 du Code pénal de 1871 était ainsi conçu :

« Quiconque aura vendu, distribué ou répandu d'une manière quelconque ou exposé ou affiché dans les lieux accessibles au public, des écrits, images ou reproductions obscènes, sera puni d'une amende de 100 thalers au plus et d'un emprisonnement de 6 mois au plus. »

Ce texte a été modifié par la loi du 25 juin 1890.

Art. 184. — « Sera puni d'un emprisonnement d'un an au plus ou d'une amende de 1.000 marks au plus ou d'une de ces deux peines seulement :

1° Quiconque met en vente, vend, distribue dans des lieux accessibles au public, expose, affiche, distribue habituellement, remet pour être distribué ou tient en provision dans ce but, annonce ou offre des écrits, images ou reproductions obscènes.

2° Quiconque remet ou offre moyennant paiement des écrits, images ou reproductions obscènes à une personne âgée de moins de 16 ans.

3° Quiconque expose dans des lieux accessibles au public des objets destinés à un usage obscène, ou annonce, ou offre en public des objets de ce genre.

4° Quiconque fait des annonces publiques dans l'intérêt d'un commerce immoral.

Indépendamment de la peine de l'emprisonnement, le coupable pourra être condamné à la privation de ses droits civiques et renvoyé sous la surveillance de la police.

Art. 184 *a*). — Quiconque remet ou offre moyennant paiement à une personne de moins de 16 ans, des écrits, images ou reproductions qui, sans être obscènes, blessent grossièrement l'honnêteté, sera puni d'une amende de 600 marks au plus.

Art. 184 *b*). — Sera puni d'une amende de 300 marks au plus, ou d'un emprisonnement de 6 mois au plus, quiconque aura fait publiquement des communica-

tions au sujet d'opérations judiciaires à l'égard des-
quelles la publicité a été exclue comme dangereuse
pour la morale, ou au sujet de pièces officielles concernant ces opérations, des communications de nature
à causer un scandale.

Cet article 184 est placé dans le chapitre XII de la
2ᵉ partie du R. Str. G. B. sous le titre « Délits contre
les particuliers ». On voit que la conception allemande du délit diffère de notre conception française.

Quelles remarques pouvons-nous faire au sujet de la
législation allemande sur les bonnes mœurs ?

1º Le taux de l'amende prévue est peu élevé. En
France l'amende varie entre 100 et 5.000 francs. En
Allemagne le maximum est de 100 marks.

Ce défaut n'a pas échappé aux commentateurs de la
loi de 1890 et Mittermaier notamment écrit (1) : « Dans
le second (L'outrage aux bonnes mœurs), l'appât du
gain joue le rôle principal. Cela n'apparaît pas suffisamment dans la loi et devrait conduire à prévoir une
amende particulièrement élevée. »

2º La loi de 1890 marque un grand progrès sur le
Code pénal de 1871. Elle s'occupe tout spécialement du
mineur. Elle va plus loin que notre loi française de
1898. Elle établit une distinction :

a) Dans l'article 184. 2º, elle punit des peines ci-dessus indiquées celui qui vend ou offre à un mineur de

____

(1) *Vergleichende Darstellùng, op. cité,* p. 197.

16 ans des images ou reproductions obscènes (unzüchtige). A la différence de notre loi française elle ne punit pas de peines aggravées la vente ou l'offre de vente à un mineur. Seulement elle n'exige pas, comme dans l'article 184 : 1° Que la vente ou l'offre soient faites dans un lieu accessible au public.

b) Dans l'article 184 *a*. — Elle édicte des peines plus légères pour ceux qui vendent ou offrent de vendre des productions qui « sans être obscènes, blessent grossièrement l'honnêteté. Cette disposition nous rappelle les articles du projet gouvernemental italien, qui, quand il s'agit du mineur, se contentent d'objets qui portent atteinte à la morale ou à la décence publique. Mais le législateur allemand est allé moins loin que le législateur italien. Il exige la remise ou l'offre moyennant paiement. Le projet italien se contente, avec raison selon nous, de « la remise ou de l'exhibition ».

3° La loi allemande n'exige pas, comme autrefois chez nous, la loi de 1881, la publicité. Il suffit que les actes prévus soient commis dans un lieu « accessible au public ». Il semble que, d'après cette expression, la vente conclue dans un magasin où ne se trouverait aucune tierce personne, serait frappée. Echapperait au contraire à la répression le pornographe bien renseigné qui, possédant des listes d'amateurs, se présenterait à domicile pour y conclure ses marchés honteux. Sur ce point la législation allemande est défectueuse.

4° L'article 184 4° punit les annonces publiques faites

dans l'intérêt d'un commerce immoral. Ayant écarté la nécessité de l'obscène, le législateur allemand a atteint le but qu'il s'était proposé. Les tribunaux n'ont pas, comme les tribunaux français, à rechercher si l'annonce est obscène dans sa forme.

5° On peut s'étonner, après avoir vu avec quelle minutie le législateur s'est appliqué à déterminer les différents modes de perpétration du délit, de ne rien trouver dans l'article 184 de relatif à l'outrage aux bonnes mœurs commis par la parole. M. Eyquem écrit à ce sujet (1) : « Les cris, discours ou chants ne sont pas visés par nos articles ; est-ce à dire qu'ils puissent être atteints ? Ils pourraient peut-être tomber sous le coup de l'article 360, § 2 du Code pénal qui punit d'une amende de 150 marks ou de la détention celui qui crée de graves désordres ; ces cris, ces chants, etc..., peuvent avoir ce résultat. »

M. Eyquem commet une lourde erreur. Si les paroles ne sont pas visées par l'article 184, c'est que, en Allemagne, elles sont considérées comme un mode de l'outrage public à la pudeur. Elles sont englobées dans l'article 183, qui est très vague : « Quiconque occasionnera publiquement un scandale par un outrage public à la pudeur, etc. » Cela nous choque, nous autres français. Comment expliquer cette anomalie ?

Chez nous les juristes ont établi la distinction entre

____

(1) Eyquem, *op. cité*, p. 219.

l'outrage public à la pudeur et l'outrage aux bonnes mœurs sur la base suivante : Dans l'outrage à la pudeur ce qui apparaît de prime abord c'est l'individu qui agit ; dans l'outrage aux bonnes mœurs on se trouve en présence d'écrits, images, chants, etc., qui s'adressent principalement à l'imagination.

Des considérations toutes différentes ont guidé les juristes allemands. M. Mittermaier écrit dans l'ouvrage capital intitulé « Vergleichende darstellùng des deutschen ùnd dùslàndischen Strafrechts (1) ».

« A côté des actes et des discours qui offensent la pudeur se trouve la propagation d'écrits, images, objets obscènes (unzüchtigen), leur représentation ou leur annonce. Les deux délits ne doivent pas être réunis...

« Par le premier le plus souvent chacun est lésé contre son gré, dans le second la victime (l'outragé) regarde ou lit *volontairement*, mais il peut éviter cela facilement. De plus dans le deuxième état de choses le danger est plus grand à cause du danger de la *propagation*. Dans le premier la faute doit être cherchée la plupart du temps dans la perversité de l'auteur du délit ou dans la grossièreté de ses sens, dans le second *l'appât du gain* joue le rôle principal. »

Ces raisons semblent justifier pleinement la distinction établie par la loi allemande, et aussi, nous l'avons

(1) *Op. cit.*, p. 197.

vu précédemment, par la loi italienne. Comme l'a écrit M. Mittermaier le discours doit être assimilé à l'acte parce que :

a) La victime, comme s'il s'agissait d'un acte, ne peut pas éviter ce qui choque sa pudeur.

b) On ne trouve pas, comme quand il s'agit de dessins, livres, etc., le danger de la propagation.

c) Le but poursuivi par celui qui prononce des paroles obscènes, comme le but poursuivi par celui qui commet un acte obscène, ce n'est pas le gain, c'est la satisfaction de sa perversité.

On voit la pénétration dont a fait preuve le juriste allemand. Tous ces arguments nous semblent convaincants. Nous souhaiterions voir notre législation française établir une distinction analogue à celle adoptée en Allemagne.

3. **Etats-Unis.** — Nous n'avons pas la prétention d'étudier toutes les législations des différents Etats de l'Union américaine. Nous nous bornerons à examiner les plus intéressantes d'entre elles dans leurs dispositions les plus originales.

a) *Massachusetts*. — Le Code pénal de cet Etat contient les dispositions suivantes (1) :

« Sera puni d'un emprisonnement de 2 ans au plus et d'une amende de 100 dollars au moins et de

---

(1) *Annuaire de législation étrangère*, 1886, p. 622.

1.000 dollars au plus, toute personne qui aura vendu, prêté, donné à des enfants mineurs un livre, une brochure, un recueil, un journal ou tout autre papier imprimé ayant pour objet exclusif ou principal des récits de crimes, des rapports de police, des peintures de crimes et de débauche, toute personne qui détiendra ces mêmes objets avec l'intention de les vendre ou de les distribuer, toute personne qui, dans les rues ou dans tout autre lieu public, les laissera exposés au regard des enfants mineurs, toute personne qui emploiera à ce service des enfants mineurs ».

Ce Code pénal des Massachusetts a été complété par une loi relative aux délits contre les mœurs et qui est ainsi conçue (1) :

« Quiconque importe, publie, vend ou distribue des livres, pamphlets, chansons, imprimés ou tout autre chose obscène, indécente ou de langage licencieux tendant manifestement à la corruption des mœurs de la jeunesse; quiconque les introduit dans les familles, écoles ou établissements d'éducation ; quiconque achète, procure ou reçoit ou possède de tels livres, chansons, imprimés ou tout autre chose soit pour les offrir en vente, les distribuer, les prêter ou les faire circuler, sera puni de prison d'Etat, dont la durée ne pourra dépasser 4 ans, ou de geôle dont la durée

(1) G. S., ch. ccvii, sect. 15.

maximum sera de 2 ans et d'une amende de 100 à
1.000 dollars ».

Nous laissons de côté les autres dispositions moins
intéressantes de ce Code. Remarquons avec quelle
abondance de détail la législation des Massachusetts
prévoit et réprime l'outrage aux bonnes mœurs
quand les intérêts du mineur sont en jeu. Elle dis-
tingue :

S'il s'agit de peinture de crimes et de débauche,
c'est-à-dire d'un recueil qui ne tend pas manifestement
à la corruption de la jeunesse, la peine est de 2 ans
de prison.

S'il s'agit d'obscénités tendant manifestement à la
corruption de la jeunesse, la peine de prison s'élève à
4 ans.

Comme dans le projet de loi italien le don et le prêt
sont frappés, ce qui se comprend très bien, car le
préjudice subi par le mineur est le même, que le
livre ait été acheté ou qu'il lui ait été donné ou prêté.

Cette loi va plus loin. Elle punit le fait de posséder
les livres, pamphlets, etc. avec l'intention de les
vendre, distribuer, prêter.

Il y a là une exagération. Il est difficile de punir
quelqu'un en raison de ses intentions.

Voilà donc une législation, qui a su établir des règles
efficaces, pour protéger l'enfant. Elle a compris que
la force et la pureté d'une race sont fonction de l'éducation.

b) Pensylvanie. — Loi du 6 mai 1887, article 38 (1).

« Le fait de mettre en vente, d'exhiber, de prêter ou même d'avoir en sa possession pour la vente ou l'exhibition des livres, dessins et peintures obscènes, est assimilé à un délit, et puni d'une amende de 500 dollars au plus et d'un emprisonnement ne devant pas dépasser une année... Lorsque le livre ou le dessin obscène est vendu, prêté ou montré à un enfant mineur, l'auteur de cet acte sera puni d'une amende de 500 dollars et d'un emprisonnement de 2 ans au plus ».

Même luxe un peu ridicule de détails, mais même protection efficace de la jeunesse que précédemment.

Quelles conclusions tirer de l'examen des lois étrangères les mieux faites relatives à l'outrage aux bonnes mœurs ? Avons-nous trouvé des propositions intéressantes qui pourraient être introduites chez nous ?

Sans doute, et nous souhaiterions voir :

1º Assimiler les paroles à l'outrage public à la pudeur ;

2º Augmenter les pénalités, si le délinquant agit dans un but de lucre ;

3º Frapper l'outrage aux bonnes mœurs dès sa naissance au moment de la fabrication ;

4º Punir celui qui importe ou transporte ;

5º Protéger le mineur. Pour cela on atteindrait le

______

(1) *Annuaire de législation étrangère*, 1888, p. 896.

don ou le prêt, on se contenterait du simple licencieux, au lieu d'exiger l'obscène ;

6º Abandonner l'exigence de l'obscène quand il s'agit des annonces. On se contenterait de ce que l'annonce est faite dans l'intérêt d'un commerce immoral ; .

7º Etablir enfin des amendes énormes, pour atteindre le pornographe à son endroit le plus sensible.

Nous souhaiterions voir tout cela, mais notre législation n'en resterait pas moins imparfaite. L'exposé des grandes lois étrangères nous conduit à une conclusion pessimiste. Pourquoi cela ? parce que le mécanisme de la répression a beau être plus ou moins compliqué, plus ou moins perfectionné, toujours et partout nous trouvons comme essence du délit « l'obscénité ». Nous rencontrons partout la même formule vague, imprécise, dangereuse. Parfois le nom change. On rencontre : le licencieux, l'atteinte à la morale ou à la décence publique, ce qui blesse grossièrement l'honnêteté, ce qui tend à la corruption, mais tous ces termes ne visent qu'à indiquer un degré de l'obscénité. La notion de l'obscène reste à la base du délit.

Si nous voulons faire une réforme efficace, c'est donc l'obscène qu'il faudra essayer soit de définir, soit de remplacer. Cette idée a été assez clairement aperçue par M. Mittermaier. Et nous ne pouvons mieux déterminer cet exposé sur les législations étrangères qu'en citant les conclusions que cet auteur étranger a tirées

de l'étude qu'il a faite lui aussi des législations relatives à l'outrage au bonnes mœurs (1) :

« Comme les lois le disent partout les objets doivent
être obscènes. Mais cela conduit alors à la forme la
plus ambiguë de l'obscénité relative (relativen
ùnzüchtigkeit)...

« On ne doit pas oublier que la question à traiter ici
n'est qu'une petite partie de la grande question de la
littérature grivoise (Schùndlitteratùr) et de sa répression. Sur ce terrain la loi pénale ne peut atteindre que
les productions grossières. Mais elle doit considérer
qu'on ne doit tolérer aucune forme de la pornographie
que la difficulté réside ici dans la manière de concevoir
l'obscène, l'immoral, le grossier (ùnzüchtigen, unsittli-
chen, gemeinen) et dans la liberté nécessaire de l'art
et de la science.

« La première tâche est de déterminer ce qu'on doit
réprimer comme obscène ou grossier. L'histoire des
législations nous enseigne que la loi qui ne peut pas
fixer, et même qui ne peut pas trouver une expression
pénétrante (scharf) pour les catégories de délits, cette
législation n'atteint aucun but. Ici il faut laisser sa
liberté à la jurisprudence.

« En même temps l'exposé des législations nous
montre que, à côté de la notion de l'obscène encore relativement facile et sûre à appliquer en jurisprudence,

(1) *Vergleichende Darstellùng.* tome cité, p. 201.

on a toujours cherché l'extension à ce qui est choquant, à ce qui est grossier, à ce qui est bas, à ce qui corrompt, mais que cette conception conduisit toujours aux doutes les plus graves et non à une délimitation satisfaisante.

« C'est pourquoi l'obscène ne peut être utilisé qu'avec beaucoup de prudence et en le délimitant sévèrement, étroitement. Avec lui on vient trop facilement à lutter avec l'art et la science dont la compression (Einengùng) serait tout à fait grave ».

CHAPITRE IV

Critique de la conception sociale de l'obscène

Nous avons vu toute l'imperfection de nos lois. Une réforme, pour être efficace, doit dégager une idée nouvelle et en tirer toutes les conséquences. Il faut procéder par analyse. Il faut se poser un certain nombre de questions, rechercher quelles sont les personnes lésées par le délit, quelles sont les raisons qui justifient la répression ou qui militent contre elle.

Le législateur, nous l'avons vu, a considéré l'outrage aux bonnes mœurs comme un délit contre la chose publique. Maintenons momentanément cette notion fondamentale. Une législation réprimant l'outrage aux bonnes mœurs ainsi conçu est-elle nécessaire ?

Des écrivains, des philosophes, des hommes d'Etat ont répondu « Non ». Examinons leur opinion.

M. Raymond Poincaré (1) écrivait dans la *Revue libérale* : « Si vous faites le procès de « Pot-Bouille » ou de « Germinie Lacerteux » vous voilà forcés de n'épar-

(1) Rapporté par Lionel d'Autrec, « L'outrage aux mœurs », 1923, p. 137.

gner ni « Candide » ni « les contes de la Fontaine ». Je tremble que dans votre rage de morale vous n'alliez expurger Aristophane, émonder Juvénal et supprimer Rabelais. Grands dieux, quel abattage ! Un homme ne suffirait pas à cette œuvre de bourgeois gâteux...

« Où s'arrêter dans la destruction ? Il vaut mieux ne pas l'entreprendre et professer que dans tous les temps et chez tous les peuples il n'y a, en littérature, d'autre immoralité que de mal écrire.

« Et c'est ce que comprennent tous les hommes comme nous, les hommes qui ne ressemblent pas aux idiots de l'Ecriture et qui ont des yeux pour voir et des oreilles pour entendre. »

De même dans « Taches d'encre », janvier 1885, Maurice Barrès se déclarait partisan de la liberté. Il montrait que la société poursuit le jeune écrivain, débutant et maladroit, tout en laissant de côté l'artiste célèbre. « C'est en France, dans un pays qui ne vit plus que par la gloire littéraire, qu'une magistrature trop timide pour s'attaquer à ceux qui la blessent, à Zola par exemple, saisit leurs admirateurs plus faibles, un débutant tout jeune, infirme, dont la noblesse de caractère lui est bien connue, le traîne devant un jury de pauvres épiciers, l'accuse — sachant parfaitement mentir — d'avoir spéculé sur l'audace de son livre, le fait condamner à un mois de prison, le jette à Sainte-Pélagie, non pas dans une cellule, comme les comdamnés politiques, mais avec les pègres, avec les vo-

eurs, avec les condamnés pour attentat aux mœurs ;
et seulement après dix jours d'insomnie, de jeûne,
d'accablement, après qu'il a pu faire parvenir une
lettre à Daudet, alors qu'il est couvert de rhumatismes,
après que Daudet, Zola, Clemenceau, Sarcey et le directeur même de Sainte-Pélagie sont intervenus, on se
décide à l'assimiler aux simples anarchistes, on veut
bien le traiter comme ceux-là, qui prêchent l'anarchie
et la dynamite.

« Et vraiment, à peser la haine à ce monde qui nous
gouverne, contre toute indépendance de la pensée,
contre l'intellectuel qu'ils veulent frapper dans le roman moderne — sous prétexte de pudeur — est-ce assez
grotesque la pudeur de ces hommes de 40 ans ! l'on se
sentirait le frère d'armes des brutes qui rêvent au
fond des bouges dans les faubourgs, la démolition de
tous ces grossiers parvenus, au son du tocsin et des
canons, avec des taches de sang et de vin. »

Ces deux écrivains, Poincaré et Barrès montrent
l'impossibilité d'user d'un critérium précis. Effrayés
des résultats auxquels arrive la répression, ils se pro-
noncent pour la liberté d'écrire. Ils considèrent que
cette liberté serait un moindre mal que la répression
elle-même. Quand les tribunaux punissent, ils doivent
savoir pourquoi ils punissent. Toute une catégorie de
faits précis doivent tomber sous le coup de la loi. Il
ne faut pas qu'un citoyen bénéficie de l'impunité pendant qu'un autre, ayant commis le même délit, est

châtié. La loi doit être la même pour tous. Ce principe fondamental a été proclamé sous la révolution. Avec notre législation sur les bonnes mœurs, échafaudée sur une base mouvante, l'obscène délit contre la chose publique ; on aboutit à l'inégalité. De là des raisons profondes qui suffiraient à justifier la suppression de toutes les entraves mises à la liberté d'écrire ou de penser.

A l'appui de la liberté complète on peut invoquer aussi des raisons morales. La pornographie n'est pas la cause des mauvaises mœurs. Elle en est la conséquence, le témoignage. Elle en est peut-être le remède. Découvrir le vice n'est pas l'encourager. La pudeur se confondrait avec l'hypocrisie. Elle serait semblable à un pansement, qui masque une plaie épouvantable, sans cependant la cicatriser. « Si c'est une indiscrétion de publier ses erreurs, disait le sage et sceptique Montaigne (1), il n'y a pas grand danger qu'elle passe en exemple et usage ; car Ariston disait que les vents, que les hommes craignent le plus sont ceux qui les découvrent. Il faut rebrasser ce sot haillon qui cache nos mœurs. »

La même idée se retrouve chez Anatole France (2) : « Vraiment votre candeur m'étonne ; vous avez peu l'idée de ce qu'est l'homme, de ce que sont les sociétés et du bouillonnement de la chair dans une grande

(1) MONTAIGNE, livre III, ch. v. Sur quelques vers de Virgile.
(2) A. FRANCE, *Opinions de Jérôme Coignard*, p. 239.

ville. Oh ! les innocents barbons qui dans toutes les impuretés de Babylone, où les rideaux se soulèvent de toute part pour laisser voir l'œil et les bras des prostituées, où les corps trop pressés se frottent et s'échauffent les uns les autres sur les places publiques, vont se plaindre et gémir de quelques méchantes images suspendues aux échoppes des librairies, et portent jusqu'au Parlement du royaume leurs lamentations. »

Allant plus loin on peut se demander quel intérêt il y a à ne jamais parler de questions sexuelles. Montaigne a développé cette idée (1) : « Qu'a fait l'action génitale aux hommes, si naturelle, si nécessaire et si juste, pour n'en oser parler sans vergogne, et pour l'exclure des propos sérieux et réglés ? Nous prononçons hardiment tuer, dérober, trahir et cela nous ne l'oserions qu'entre les dents. Est-ce à dire que moins nous en exhalons en paroles, d'autant nous avons loi d'en grossir la pensée ? Car il est bon que les mots qui sont le moins en usage, moins écrits et mieux tus, sont les mieux sus et plus généralement connus ; nul âge, nulles mœurs l'ignorent non plus que le pain ; ils s'impriment en chacun sans être exprimés, et sans voix et sans figure, et le sexe qui le fait le plus a charge de le taire le plus. »

Pourquoi interdire à un homme mûr de lire des

(1) *Eod. Iod.*

livres obscènes ? Quels désordres peuvent en résulter pour la Société ? Comme le disait Barrès, qu'est-ce que la pudeur de ces hommes de quarante ans ?

A côté de ces arguments philosophiques, il y a des arguments juridiques à faire valoir contre les lois qui régissent l'outrage aux bonnes mœurs.

Les Tribunaux pour statuer sur un cas d'espèce devront se servir d'un critérium, le critérium c'est l'obscène. La loi de 1898 avait ajouté à ce mot l'expression « ou contraires aux bonnes mœurs ». Le législateur avait voulu frapper le licencieux. Mais la Cour de cassation (D. 1912-1-497) a décidé « que l'élément essentiel est l'obscénité de l'écrit, du dessin ou de l'objet, les expressions « contraires aux bonnes mœurs » n'ayant pas au sens de la loi pénale d'autre signification. » Donc seule la notion de l'obscène doit attirer notre attention. En quoi consiste-t-elle ?

Un jugement du tribunal correctionnel de la Seine du 11 juin 1884 déclare : « l'obscénité existe là où quels que soient le genre et la diversité des écoles, l'Art n'intervient pas pour relever l'idéal ; ou l'appel aux instincts, aux appétits grossiers n'est contrarié, vaincu, par aucun sentiment plus puissant. »

M. Barbier (1) décrit l'obscène de la façon suivante : « C'est le licencieux qui s'étale brutalement, qui ne se dissimule pas sous les voiles de l'Art : c'est le licen-

____

(1) Barbier, *Code expliqué de la presse*, t. I, p. 311, n° 362.

cieux aggravé par la grossièreté de la forme ou par la recherche voulue de sujets de descriptions, de situations, visant directement à éveiller dans l'imagination des idées malsaines et dénotant chez l'auteur l'intention perverse de s'adresser principalement à l'esprit de luxure et de débauche. »

M. Le Poittevin (1) fait remarquer qu'une plaisanterie plus ou moins grossière, une expression plus ou moins cynique, ne doit pas être assimilée d'un écrit obscène : « Elle ne blesse que le bon goût et ce n'est pas à la loi pénale qu'il appartient de le protéger. » Il met en garde le Juge contre le danger qu'il y aurait à prendre une manifestation artistique pour une œuvre obscène. « Il faudra toujours dans cette appréciation considérer l'ensemble de la publication et rechercher le but poursuivi par l'auteur. C'est cet examen de l'œuvre entière, et non pas de tel ou tel passage plus moins scabreux de tel ou tel détail graveleux de la figure, qui permettra de porter avec sûreté un jugement sur son véritable caractère. »

Reprenons la définition la plus usuelle, celle de M. Barbier. Une œuvre pour être obscène doit d'un côté dénoter chez l'auteur l'intention de s'adresser à l'esprit de luxure, de l'autre être d'une forme grossière. Il faut tenir compte non seulement de l'intention, mais encore de la façon dont cette intention s'est concrétisée, matérialisée.

____

(1) LE POITTEVIN, *Traité de la Presse*, t. II, n° 669.

Une première conséquence de cette conception de l'obscène est que la législation va être insuffisante. Le but poursuivi par l'auteur d'une annonce peut être ignoble, cette annonce n'a rien de répréhensible si sa rédaction n'outrage pas les bonnes mœurs. Longtemps les annonces n'ont pas été visées par le législateur. La loi de 1908 les prévoit. Seulement, comme le fait remarquer M. Le Poittevin, si le but de cette addition est des plus louables, son utilité est des plus contestables. Une disposition spéciale était inutile. Les annonces et la petite correspondance, qui s'étalent sur les pages de couvertures des journaux licencieux, tombaient sous le coup de la loi au même titre que tout autre article de journal.

Le législateur n'a pas fait seulement une œuvre inutile, il a fait aussi, et ceci est plus grave, une œuvre inefficace. Le but poursuivi par l'auteur n'entre pas seul en ligne de compte. Le Juge doit considérer aussi les caractères extrinsèques de l'annonce. La Cour de cassation a tiré les conséquences logiques de la conception de l'obscène. Dans un arrêt rapporté au Dalloz 1908-5-36, elle décide que les annonces et les correspondances ne tombent pas sous l'application de l'article 1, § 1 de la loi de 1882, quelqu'immoral que soit le but de leur auteur, si dans leur texte et leur forme elles ne sont pas contraires aux mœurs.

En revanche, dans un arrêt du 13 juillet 1908 (D. 1908-2-275), elle fait preuve de moins de logique. A propos

d'une annonce portant « massage anglais et persan »
avec indication de l'adresse et de l'étage, elle con-
firme un jugement de condamnation. « Considérant
que, même en admettant qu'en l'état actuel de la législation des annonces insérées dans des journaux ne
puissent pas être tenues pour délictueuses, quel que
soit le but immoral auquel elles tendent, si rien dans
leur rédaction n'indique ce but et n'éveille des idées
de débauche, il n'en saurait être de même, lorsqu'il est
impossible de se méprendre sur le caractère de provocation licencieuse que la simple lecture du texte révèle à l'esprit du public. »

Nous ne comprenons pas comment la simple adjonc-
tion au mot « massage » des qualificatifs « anglais et
persan » peut transformer une annonce qui échappe à
la répression en une annonce délictueuse. Cet arrêt
appelle deux critiques :

La Cour de cassation s'est fondée, pour confirmer,
sur le caractère de provocation licencieuse de l'annonce. Pour qu'un écrit soit obscène et tombe sous le
coup de la loi, le caractère de provocation licencieuse
ne suffit pas. Il faut le licencieux aggravé par la grossièreté de la forme. La Cour de cassation s'est placée
en dehors de la loi. Elle a changé la base même du délit d'outrage aux bonnes mœurs. Ce n'était pas son
rôle. C'était au Parlement d'intervenir.

En second lieu on ne voit pas en quoi les mots « anglais
et persan » sont plus licencieux que le mot « massage ».

La Cour de cassation déclare : « Il est impossible de se méprendre sur le caractère de provocation licencieuse que la simple lecture du texte révèle à l'esprit du public. » La distinction est spécieuse. Qu'il s'agisse simplement de maison de massage ou qu'il s'agisse de maison où on pratique le massage anglais et persan, dans les deux cas le public spécial qui constitue la clientèle des journaux où s'étalent ces annonces n'est pas dupe des mots. La maison de massage n'est que l'indication voilée d'une maison de tolérance et il le sait. Les expressions ne sont pas plus obscènes les unes que les autres. En réalité, la Cour de cassation a senti toute l'imperfection de nos lois et, dans ce cas particulier, elle a essayé d'y remédier. Elle l'a fait en se plaçant en dehors de la loi, en se mettant en désaccord avec les principes qu'elle avait posés elle-même dans d'autres arrêts.

Avec notre conception actuelle de l'obscène on aboutit à l'impunité de toutes les publications, qui tout en incitant à la luxure, ne manifestent pas leur intention au moyen d'expressions grossières. Voilà une première imperfection.

Le second défaut, et le plus important, de la notion d'obscène, c'est de ne pas être un criterium pratique. La tâche des tribunaux n'est nullement facilitée. La grande question, et M. Barbier l'a très bien vue (1), est

(1) Voir la définition donnée précédemment.

de savoir jusqu'où peuvent aller les droits de l'Art et de la Science. Il faut tracer une limite entre le domaine du permis et du défendu. La notion d'obscène, telle qu'elle est fournie par notre législation, ne nous aide pas dans cette tâche.

Nous le montrerons en étudiant successivement 4 questions :

1° Pourquoi l'art effacerait-il le caractère obscène d'une œuvre ?

2° Quelle est la limite entre l'Art et l'obscène ?

3° Pourquoi la Science effacerait-elle le caractère obscène d'une œuvre ?

4° Quelle est la limite entre la Science et l'obscène ?

1° Pourquoi l'Art effacerait-il le caractère obscène d'une œuvre ? Une œuvre d'Art est-elle moins nocive, si elle est obscène, que l'œuvre grossière ayant le même caractère ? Nous laissons de côté la question de savoir quel a été le but poursuivi par l'auteur, encore qu'il ne soit pas certain que beaucoup d'artistes célèbres n'aient pas spéculé sur nos bas instincts, dans un but de lucre. Nous recherchons si la pudeur est moins offensée par une œuvre grossière que par une œuvre d'Art.

En 1908, à l'assemblée des Sociétés contre la pornographie, M. le bâtonnier Barboux avait résolu le problème de la façon suivante (1) : Il montrait que l'Art

____

(1) Fédération des assemblées françaises contre la pornographie. Assemblée du 21 mai 1908.

sous toutes ses formes est un embellissement de la na- .
ture par suite de l'intervention de l'intelligence. Il
ajoutait : « On comprend très bien d'ailleurs que le
peuple soit disposé à en passer beaucoup à l'artiste
qui sait le charmer, à abaisser devant lui certaines
barrières de style ou de pensée, ou tout autre, parce
que ces barrières pourraient gêner le vol de l'aigle
et le jeter à terre les ailes cassées. Voilà les immunités
de l'Art, celles-là sont légitimes. Mais à qui fera-t-on
croire que le public puisse vouloir accorder les mêmes
privilèges à celui qui s'efforce de le dégrader ? Comment admettre que le même peuple, qui se laisse
aller à une admiration parfois excessive pour celui
qui atteint la beauté, ait les mêmes engouements et
les mêmes faiblesses pour celui qui ne cherche que la
laideur et la saleté ? Dans aucune école française, allemande, anglaise et même italienne, on ne trouve un
peintre célèbre ou même à demi-célèbre, qui se soit
abaissé, dégradé jusqu'à la pornographie. »

Le bâtonnier Barboux, conformément à l'opinion
générale, soutient que l'Art en transformant, en em-
bellissant la nature, la rend inoffensive. L'obcénité
pourrait se trouver dans la nature, elle ne se trouverait pas dans l'Art (point déjà discutable, car l'artiste
ne doit-il pas s'efforcer de reproduire la nature aussi
exactement que possible ?) Par sa seule intervention
l'Art enlèverait toute sa nocivité à la nature.

Nous ne nous rangeons pas à cette opinion. L'Art

subtil et raffiné d'un Pierre Louys, d'un Marcel
Proust ou d'un André Gide nous semble singulièrement plus dangereux que l'œuvre d'une obscénité
grossière. L'obscénité, ne l'oublions pas, s'adresse à
l'imagination. Une œuvre grossière, condamnable suivant M. Barbier, se défend elle-même. Elle n'attire pas.
Elle ne séduit pas. Sa laideur repousse. La lecture d'un
ouvrage d'André Gide ou de Marcel Proust charme
l'esprit. Elle risque par sa perversité savante, de le
vicier profondément. L'affirmation de M. le bâtonnier
Barboux équivaudrait à dire : « la femme dangereuse
n'est ni fardée, ni parfumée. Elle n'a pour elle que sa
laideur ». La femme jolie, coquette, n'attirerait qu'une
pensée chaste.

M. Barboux termine son exposé en disant : « Comment admettre que le peuple ait les mêmes faiblesses
pour celui qui ne cherche que la laideur et la saleté ? »
Cela n'a rien de juridique. La question, dont nous
avons à nous occuper est celle-ci : L'obscénité doit-elle
rester impunie quand elle est voilée par l'Art ? Une
œuvre ne pouvant tomber sous le coup de la loi que si
elle nuit à la pudeur, une œuvre d'art est-elle moins
dangereuse pour la pudeur qu'une œuvre grossière ?
Il ne s'agit pas là d'une sanction purement morale. Il
ne s'agit pas de rechercher si l'amateur ou le lecteur
sont prêts à admirer l'œuvre d'Art et sont disposés à
repousser l'œuvre grossière. Il s'agit de savoir si une
législation sur les bonnes mœurs peut punir d'amende

et de prison l'auteur d'une œuvre obscène grossière et, à côté de cela, laisser impuni l'auteur d'une œuvre d'Art qui choque la pudeur. Si l'on considère dans quelle mesure la pudeur souffre de l'obscénité de la première ou de la seconde de ces œuvres, nous constatons que l'œuvre d'Art doit être punie plus sévèrement que l'œuvre grossière, parce qu'elle est plus perverse.

2º Quelle est la limite entre l'Art et l'obscène ?

Les lois emploient le mot « obscène » pour caractériser les instruments du délit d'outrage aux bonnes mœurs. Cette idée d'obscène devrait nous permettre de discerner, dans des cas déterminés, si on est en présence d'une œuvre condamnable ou non. Nous avons vu les définitions qui ont été données. L'obscène ainsi envisagé ne peut nous permettre de dire à quel moment une œuvre cesse d'outrager les bonnes mœurs pour devenir artistique. Pourquoi ?

Parce que l'obscène considéré comme il l'a été, n'est pas examiné par rapport à quelqu'un. On s'est placé à un point de vue général, à un point de vue social, alors que l'obscène est essentiellement relatif.

Il varie suivant les époques, suivant les pays. A un moment déterminé, dans un pays déterminé, il varie suivant les individus, suivant le sexe, suivant l'âge (1). Il dépend du milieu dans lequel on a vécu, de l'éduca-

(1) Voir le jugement du tribunal de police correctionnelle de Bordeaux rapporté au Sirey 1920-1-321.

tion qu'on a reçue. La limite entre l'Art et l'obscène se déplace suivant les individus, qui ont à juger. On aboutit à l'inégalité dans la répression, à l'injustice.

3° Pourquoi la Science efface-t-elle le caractère obscène d'un ouvrage ? Les organes sexuels sont étudiés minutieusement par les auteurs qui traitent de questions médicales. Très souvent ils seront reproduits par l'image. Les travaux de médecins, personne ne l'a jamais contesté, ne tombent pas sous le coup de la loi. Supposons les planches figurant dans un livre de médecine réunies à part et mises sous les yeux du public. Ces planches peuvent outrager les bonnes mœurs. Pourquoi ? Pourtant le dessin est le même dans les deux cas : et la pudeur est atteinte aussi fortement dans un cas que dans l'autre. Si une personne désire voir la reproduction des organes génitaux, il lui sera aussi facile de se procurer un ouvrage scientifique qu'un ouvrage pornographique. Pas d'explication possible, si l'on envisage l'obscène du point de vue social.

4° Quel est la limite entre la Science et l'obscène ?

Nous avons répondu par avance à cette question en examinant une question analogue à propos de l'Art. En se basant sur l'obscène envisagé du point de vue social la limite ne peut être tracée. C'est une affaire d'appréciation personnelle.

DEUXIÈME PARTIE

L'OUTRAGE AUX BONNES MŒURS ENVISAGÉ AU POINT DE VUE FAMILIAL

CHAPITRE PREMIER

L'outrage aux bonnes mœurs envisagé comme une atteinte au droit du père de famille d'assurer l'éducation sexuelle de son enfant mineur.

Nous avons mis en relief tous les défauts, tous les inconvénients de l'obscène envisagé du point de vue social, il faut chercher une autre base. Pour cela demandons-nous qui c'est, qui va souffrir de l'outrage aux bonnes mœurs. Est-ce le majeur ?

Nous ne le pensons pas. Ce que le législateur poursuit sous le nom d'outrage aux bonnes mœurs, c'est le fait d'aborder la question sexuelle dans des livres, dessins, etc. Le majeur, sinon marié, du moins apte à contracter mariage, n'a plus rien à apprendre. La question sexuelle est résolue pour lui. La femme majeure a le droit de se prostituer. Le législateur n'a pas prohibé ces actes de prostitution, certainement contraires à la morale. Loin de les punir il s'en est occupé pour les réglementer, reconnaissant ainsi une sorte de droit à la débauche. Il a permis l'établissement de maisons de tolérance, où le majeur peut se rendre. Il prélève sous forme d'impôt, une part importante des bénéfices de ces entreprises lucratives. Pourquoi l'Etat, si large d'idées, si peu scrupuleux en ce qui concerne les rapports sexuels du majeur, deviendrait tout à coup si rigide, si sévère en ce qui concerne la pornographie ?

En vérité la pudeur du majeur ne semble pas devoir beaucoup souffrir à la lecture d'un livre ou à la vue d'un dessin obscènes. L'acheteur d'un livre, de journaux ou de dessins pornographiques, sait ce qu'il va trouver. A supposer que le livre, le journal ou le dessin le choquent, il a l'ultime ressource de le fermer, de le replier ou de le déchirer. Le droit n'a pas à intervenir. Nous sommes dans le domaine de la morale.

Si le majeur n'est pas lésé par les productions pornographiques, parce que son caractère est déjà formé, son éducation terminée, ses habitudes prises, il est quelqu'un que le législateur doit protéger contre autrui et contre lui-même, c'est l'enfant. Le mineur, dont l'esprit n'a pas encore mûri, offre une prise également facile au bien et au mal. On a créé pour lui des tribunaux spéciaux. On a prévu pour lui des sanctions spéciales, mesures de redressement plutôt que de véritables peines.

Cette idée de protection apparaît avec un relief saisissant dans le Code civil. Le législateur a organisé la puissance paternelle. A ce sujet M. Planiol écrit (1) : « La puissance paternelle est l'ensemble des droits et des pouvoirs que la loi accorde aux père et mère sur la personne et sur les biens de leurs enfants mineurs pour leur permettre de remplir leurs devoirs de parents.

« Il ne faut pas perdre de vue que ces droits et ces pouvoirs ne sont accordés aux parents que comme conséquence des lourds devoirs qu'ils ont à remplir : Il n'y a une puissance paternelle que parce qu'il y a des des obligations nombreuses à la charge des père et mère, obligations qui se résument toutes en un seul mot, l'*éducation* de l'enfant. »

« L'expression, puissance paternelle n'a jamais été juste en droit français et elle l'est aujourd'hui moins que jamais. Ce qui appartient aux parents est moins une puissance « potestas », qu'une tutelle, c'est-à-dire une charge. »

(1) PLANIOL, *Traité élémentaire de droit civil*, 1920, n° 1636.

Le père va représenter le mineur pour les actes de la vie juridique. Il doit veiller à la conservation de son patrimoine. Il doit diriger le mineur. C'est un droit et un devoir d'une importance primordiale. L'ordre public y est intéressé. Toute convention, qui aurait pour but ou pour résultat de dépouiller le père de la puissance paternelle, serait frappée d'une nullité absolue.

Pour pouvoir assurer l'éducation de son enfant le père a deux droits : Le droit de garde et le droit de correction, le droit de garde comportant la surveillance de l'enfant. En conséquence il peut :

Examiner la correspondance de son enfant et intercepter au besoin les lettres qu'il écrit et celles qu'il reçoit. Le secret et l'inviolabilité des lettres missives n'existent pas pour le mineur (S. 76-1-97).

Interdire à son enfant toutes relations avec telle ou telle personne. Il peut même user de ce droit à l'égard des ascendants, s'il existe des motifs exceptionnels, les tribunaux ayant à apprécier si ces motifs sont suffisamment graves (D. 94-1-218).

La justice contrôle l'exercice de la puissance paternelle et cela se comprend très bien. Le père de famille n'est plus un chef, il est devenu un protecteur. Ses devoirs sont stricts. Il est en quelque sorte le mandataire de la Société. « La puissance paternelle, écrit M. Planiol (1), n'est point un pouvoir absolu. A côté

(1) PLANIOL, *eod loc.*, n° 1728.

de la famille il y a la société qui a bien aussi sa part de droits et d'intérêts à défendre ; elle doit sa protec. tion aux enfants et elle a intérêt à ce que ni leur moralité ni leur santé ne soit compromise. '» En conséquence si le père, par son insouciance ou par ses vices, se montre incapable de protéger ce que son enfant a de plus sacré : sa moralité, il doit être destitué, déchu de la puissance paternelle. C'est ce que décide la loi du 15 novembre 1921, modifiant la loi du 24 juillet 1889, et consacrant les pratiques jurisprudentielles antérieures. « La déchéance peut enfin être prononcée en dehors de toute condamnation, lorsque les père et mère compromettent par des mauvais traitements, par des exemples pernicieux d'ivrognerie habituelle ou d'inconduite notoire, par un défaut de soins ou par un manque de direction nécessaire, soit la santé, soit la moralité de leurs enfants ou d'un ou plusieurs de ces derniers ».

La jurisprudence que la loi de 1921 n'a fait que consacrer, déclarait déchu de la puissance paternelle :

Le père qui, sans jamais s'occuper de ses enfants, a depuis plusieurs années abandonné le domicile conjugal, alors surtout qu'il est établi qu'il menait avant sa disparition une vie déréglée (D. 91-3-112).

En revanche elle refusait de prononcer la déchéance :

Si le père tient une maison de tolérance, ce père jouissant d'une bonne réputation et les enfants étant élevés en dehors de l'établissement (D. 1905-2-99).

Si le père vit maritalement pendant plusieurs années sans causer aucun scandale (D. 94-2-101).

On voit combien le législateur s'est montré vigilant pour la protection de l'enfance. Il a constitué le père mandataire de la société pour l'éducation des enfants. Il a prévu une sanction : la déchéance. Comment, après avoir pris toutes ces sages mesures, laisserait-il impunis ceux qui vont entraver le droit d'éducation de ce père de famille, notamment en ce qui concerne l'éducation sexuelle ?

En matière d'outrage aux bonnes mœurs la société intervient pour aider le père et protéger l'enfant. S'il était impossible de discerner quels intérêts elle avait à défendre quand il s'agissait du majeur, ces intérêts apparaissent clairement quand il s'agit du mineur.

Le grand danger qui guette l'adolescent, c'est la trop grande précocité. L'enseignement sexuel, qui doit être savamment dosé, proportionné à l'expérience de l'enfant, cet enseignement le pornographe le donne d'un coup, grossièrement et brutalement. Il risque de tarer à tout jamais l'âme de l'enfant. Rousseau écrivait dans l'*Emile* (1), traité de l'éducation, ne l'oublions pas : « On ne sait quelles fermentations sourdes, certaines situations et certains spectacles excitent dans le sang de la jeunesse, sans qu'elle sache démêler elle-

(1) *Emile*, II, livre IV.

même la cause de cette première inquiétude, qui n'est pas facile à calmer et qui ne tarde pas à renaître. C'est par le désordre du premier âge que les hommes dégénèrent et qu'on les voit devenir ce qu'ils sont aujourd'hui ; vils et lâches dans leurs vices mêmes, ils n'ont que de petites âmes, parce que leurs corps ont été corrompus de bonne heure. » C'est bien ce danger, qu'ont redouté le législateur et les magistrats à propos de l'exercice de la puissance paternelle. Le père exploite une maison de tolérance, peu importe, si l'enfant est élevé ailleurs. Le père vit en concubinage notoire, peu importe, si sa conduite n'est pas scandaleuse. Ce qu'il faut éviter, c'est que le mineur soit mis trop tôt et trop vite au courant de la question sexuelle.

Quels sont les dangers d'une initiation trop précoce ? (1) Quels sont les dangers que font courir à l'enfant des livres ou des dessins obscènes ?

Le mineur initié trop tôt, éprouve des besoins nouveaux à satisfaire. Il recherche des unions plus ou moins misérables et méprisables. Les parents veulent protéger contre lui-même ce malheureux, dont l'esprit n'est pas encore formé. L'enfant a des mouvements de révolte contre ses parents. C'est une cause de désordre au sein de la famille.

Il est à craindre que le mineur, mis au courant des

____

(1) Fouillée, *La France au point de vue moral*, 1911.

déformations de l'amour, n'aboutisse au vice dans ce qu'il a de plus dégradant.

L'assouvissement de passions sexuelles trop précoce débilite l'enfant. La santé du mineur est précaire, son intelligence bornée. Plus tard, la Société trouvera les hommes à petites âmes et à corps usés, dont parlait Rousseau.

La pornographie frappe l'adolescent d'une autre manière, elle lui fait contracter des maladies vénériennes.

L'enfant est prévenu de toutes les joies de la chair, non de ses dangers. Il ignore les mesures prophylactiques. Son manque d'argent le conduit entre les bras de la prostituée de bas étage. Il contracte des maladies honteuses, qui le frappent dans sa santé et dans sa postérité.

Le mineur, aux yeux duquel les pornographes peignent les tableaux les plus enchanteurs des mœurs extra-conjugales, méprise la famille, contracte des unions passagères, se marie le plus tard possible, « pour faire une fin ». La pornographie est une des causes de la crise de la natalité, qui sévit dans notre pays.

Voilà les effets néfastes d'une éducation sexuelle mal faite. Voilà les conséquences que va avoir le développement de la pornographie. Réprimer l'outrage aux bonnes mœurs, c'est aider le père dans la lourde tâche qu'il a assumée. Une législation qui veut mettre un terme aux débordements de la pornographie doit, au lieu de chercher à défendre la pudeur publique, assurer la protection de la moralité du mineur.

A l'appui de ces idées remarquons que le législateur, qui réprime l'outrage aux bonnes mœurs, qui n'est qu'une espèce d'excitation intellectuelle à la débauche, en se plaçant au point de vue social, abandonne ce point de vue quand il s'agit de l'excitation à la débauche proprement dite (1). A ce sujet, il s'occupe exclusivement du mineur. L'article 334 placé dans le livre III, titre II, crimes et délits contre les particuliers, et non pas comme l'article 287 du livre III titre I, (Crimes et délits contre la chose publique) est ainsi conçu :

« Sera puni d'un emprisonnement de six mois à trois ans et d'une amende de 50 à 5.000 francs.

1° Quiconque aura attenté aux mœurs en excitant, favorisant ou facilitant habituellement la débauche ou la corruption de la jeunesse de l'un et de l'autre sexe au-dessous de 21 ans.

2° Quiconque pour satisfaire les passions d'autrui, aura embauché, entraîné ou détourné, même avec son consentement, une femme ou une fille mineure en vue de la débauche...

Si les délits ci-dessus ont été excités, favorisés ou

(1) Voir aussi l'article 270 du code pénal modifié en 1921 et réprimant la prostitution des mineurs.

facilités par les père, mère, tuteur ou les autres personnes énumérées en l'article 333, la peine d'emprisonnement sera de trois à cinq ans. »

Cet article 334 nous éclaire. Les rapports sexuels entre majeurs sont libres ; ils ne sont pas dangereux. Il faut au contraire empêcher le mineur, dont l'esprit et le corps ne sont pas encore formés, de satisfaire ses passions. En vertu de l'article 334 on punit le propriétaire qui loue une chambre garnie à des mineurs, alors qu'il n'ignore pas que la location est faite dans le but de perpétrer des actes de débauches, (*bull. crim.* 1887 n° 864). Si on punit ceux qui facilitent ces rapports sexuels par des actes matériels, on doit punir aussi ceux qui les provoquent, en s'adressant à l'imagination aux moyens de livres, affiches, dessins, etc. C'est là une base, et une base solide, pour rétablir une législation rationnelle sur l'outrage aux bonnes mœurs.

Pour aboutir à une réforme vraiment efficace, il faut soustraire les règles relatives aux bonnes mœurs, délits de droit commun, aux lois qui régissent la presse. On rassemblerait toutes les dispositions qui concernent ce délit dans un article du titre II du livre III du code pénal, abandonnant ainsi l'idée éronée que l'obscène est un mal social, est un délit contre la chose publique, comme le vagabondage, la mendicité, l'usurpation de fonction, l'évasion de détenus.

L'obscène serait envisagé comme une sorte d'excitation intellectuelle du mineur à la débauche. Il ne serait sans doute pas défini (étant par nature indéfinissable), mais il serait précisé. Il serait examiné par rapport à quelqu'un, par rapport au mineur. Après avoir énuméré les instruments du délit on substiturait aux mots « obscènes ou contraires aux bonnes mœurs » les mots :

« Qui sont de nature à porter atteinte au droit du père de famille d'assurer l'éducation sexuelle de ses enfants mineurs. »

CHAPITRE II

Avantage de la conception nouvelle du délit

Examinons les conséquences de l'idée nouvelle que nous avons dégagée ; l'outrage aux bonnes mœurs n'est punissable que s'il porte atteinte au droit du père de famille d'assurer l'éducation sexuelle de son enfant mineur.

Le juge, en présence d'une question de fait, n'a plus à rechercher si une œuvre présente des caractères obscènes, si l'auteur a voulu s'adresser principalement à l'esprit de luxure et de débauche. La question qu'il se pose est la suivante : L'œuvre poursuivie résoud-elle le problème sexuel pour le mineur ? Il résulte de là que les publications obscènes sont permises si elles sont mises hors de la portée de l'enfant, soit matériellement, soit intellectuellement.

1° Matériellement : les tribunaux tiennent compte du prix. Sous l'empire des lois de 1881-1882, les magistrats examinaient aussi, quel était le prix d'un livre. C'était uniquement pour savoir s'ils se trouvaient en présence d'une brochure ou d'un livre, l'ouvrage incriminé relevant suivant les cas de la cour d'assises ou du tribunal correctionnel. Un arrêt rapporté au Dalloz 1912-1-497, considère comme un livre un ouvrage de 158 pages mis en vente au prix de 10 francs.

Un arrêt de la cour de Pau cependant du 1er août 1908 rompt avec la tradition. Il décide que le prix permet de distinguer si l'ouvrage peut ou non être acheté et lu par les mineurs. « Attendu que s'il est impossible de définir avec une précision absolue l'outrage aux bonnes mœurs, on peut dire cependant que le législateur a entendu, en réprimant ce délit, garantir la pudeur publique, proscrire les excitations aux passions sensuelles, à l'esprit de débauche et tout ce qui est obscène, c'est-à-dire contraire à la pudeur.

« Attendu que la moralité d'un écrit dépend des sentiments qu'il inspire ; qu'il convient pour apprécier cette moralité de tenir compte du public auquel il s'adresse, de son mode de publication, de rechercher s'il n'a pas été mis volontairement par l'auteur à la disposition des femmes, des jeunes filles, des enfants dont il est ainsi appelé à outrager la pudeur.

« Attendu que les premiers juges ont à bon droit considéré comme constitutif du délit d'outrage aux bonnes mœurs les passages par eux rappelés dans leurs jugements, ou visés dans l'assignation de la brochure écrite par le prévenu et par lui mise en vente au prix de 0,20 dans les lieux publics à Bayonne, et notamment dans divers kiosques à journaux situés sur les places publiques de cette ville.

« Attendu que cet écrit à raison de la minimité de son prix à raison des lieux dans lesquels il était exposé en vente devait nécessairement tomber entre les mains de jeunes gens, de jeunes filles ; dont il sollicitait par son titre la curiosité malsaine et il devait éveiller les sens, allumer les désirs et la lubricité. »

Sans doute les magistrats de la Cour de Pau ne se sont pas placés au même point de vue que nous. Liés par les lois sur les bonnes mœurs, ils ont dégagé, que pour apprécier l'obscénité d'un écrit il faut tenir compte du public auquel il s'adresse. Comment découvrir cela ? En tenant compte de l'endroit où il est exposé et de son prix. On voit les complications invraisemblables auxquelles ils aboutissent pour apprécier l'obscénité et déterminer si l'ouvrage s'adresse à des adultes, à des femmes, ou à des enfants. En envisageant l'obscène comme nous l'avons fait précédemment on se demande : le livre est-il à la portée matérielle du mineur et par conséquent punissable ? Pour répondre nous tenons compte du prix, car en général le mineur ne dispose pas de moyens suffisants pour lui permettre d'acheter des livres chers.

Nous tenons compte aussi de la publicité. Comme le remarque l'arrêt de la Cour de Pau, il est facile pour un mineur de se procurer des publications exposées dans des kiosques. Si une gravure obscène, même d'un prix élevé, est exposée dans une vitrine, le mineur n'a qu'à s'arrêter pour la regarder.

A l'inverse, l'œuvre obscène échappe à la répression si elle est exposée dans un musée. L'enfant ne va jamais seul visiter les musées ou des expositions de peinture. Les parents pourront le surveiller. Les œuvres de Constantin Guys, de Toulouse Lautrec ne sont pas dangereuses. Elles échappent à la vue du mineur. Au contraire seront frappées les images, les dessins, les tableaux qui, sans être plus licencieux que les chefs-d'œuvre d'un Lautrec par exemple, s'offrent dans la rue au regard de tous.

Toujours en ce qui concerne l'ouvrage obscène mis à la portée matérielle du mineur, nous allons plus loin que le législateur de 1898 qui punit la distribution à domicile, la remise sous bande et sous enveloppe non fermée à la poste. Soucieux d'aider le père à sauvegarder la morale de ses fils, nous frappons le don et le prêt. L'ami, qui prête un livre obscène à un mineur, quoique n'ayant pas agi dans un but de lucre, sera puni. Le préjudice moral causé au mineur est le même en cas de vente ou de prêt.

2° Intellectuellement, l'œuvre obscène ne peut avoir aucune influence mauvaise sur le mineur, si celui-ci ne la comprend pas. Cela va nous permettre de répondre aux questions que nous nous étions posées dans un chapitre précédent et que nous n'avions pu résoudre en nous servant de la conception sociale de l'obscène.

1) *Pourquoi l'Art effacerait-il l'obscène?*

Ce n'est plus comme le soutenait M. le bâtonnier Barboux, parce que le beau permet de tout pardonner. L'œuvre d'Art ne sera jamais poursuivie, non parce qu'elle n'est pas obscène, mais parce que son obscénité est trop cachée, trop voilée par l'Art, pour être perçue par le mineur. Un mineur ne lit pas les livres de Marcel Proust. Cet admirable psychologue, qui a poussé si loin l'analyse des passions amoureuses et de leur perversion, est compris par un petit nombre de grandes personnes. Il rebute l'adolescent.

De la sorte on évitera, rejetant l'ancienne conception sociale de l'obscène, de prononcer des condamnations révoltantes, comme ce fut le cas dans les procès contre Richepin et Beaudelaire.

Au contraire on frappera rigoureusement les livres qui, par leur crudité, mettent le mineur au courant du problème sexuel, lui décrivent les relations charnelles, le préparent au vice. Ces livres sont faciles à découvrir. Ils fourmillent dans les vitrines des librairies, sur les devantures des kiosques. Leurs titres prometteurs indiquent nettement leur but. « Mignons et courtisans au XVI⁰ siècle » « La régence galante » « Le fouet à Londres ». Je cite ces livres au hasard entre des centaines d'autres que le mineur peut acheter chez les libraires qui, suivant les lois économiques, se sont spécialisées. Ces ouvrages sont destinés au mineur et achetés par lui. La banalité du style, la pauvreté de l'imagination, écœurent. La pensée ne vient pas rehausser le sujet. L'auteur dédaigne la métaphore. Il entre dans un détail minutieux. L'enfant comprend et se pervertit.

En présence de ce scandale on peut s'étonner de voir, d'une part toutes les mesures efficaces que le législateur prend pour que le père de famille remplisse ses fonctions d'éducateur, et d'autre part, l'impunité dont jouissent d'infâmes commerçants qui spéculent sur la faiblesse du mineur.

2) *Où se trouve la limite entre l'Art et l'obscène ?*

L'artiste par son talent ou son génie fait deviner l'obscène ; il ne le détaille pas. Si le voile, qu'il jette sur l'obscène, suffit à le cacher aux yeux du mineur, l'œuvre échappe à la répression.

3) *En quoi la science effacerait-t-elle l'obscène ?*

La réponse est analogue à celle que nous avons donnée à propos de l'Art. Un ouvrage médical renfermant des planches, qui reproduisent des organes génitaux, est trop abstrait, trop scientifique pour un enfant. Le pornographe rassemble ses planches, les agrémente d'un texte facile à comprendre, sans termes scientifiques ou rébarbatifs et intitule le tout « Initiation sexuelle », « L'organisme et ses dangers, etc. ». On voit combien la distinction est facile à établir.

Le nouveau principe, que nous avons dégagé, ne nous fournit pas seulement un critérium pratique. Au lieu de se baser sur les caractères que revêt l'obscène, il nous fournit un but à atteindre : assurer l'éducation sexuelle qui est confiée au père. La répression devient plus compréhensive, plus souple, plus efficace. Nous le constatons à propos des annonces et de la correspondance publique.

La loi de 1898 a visé les annonces parmi les instruments du délit d'outrage aux bonnes mœurs. Elle n'a pas modifié le texte de la loi exigeant l'obscénité pour que la répression puisse jouer. La Cour de cassation a dû décider en conséquence que si l'annonce, quelqu'immoral que soit son but, n'est pas obscène dans sa rédaction, elle échappe aux poursuites pénales. Les annonces des maisons de massage sont impunies. La Cour de cassation, sentant les dangers de ce droit accordé à la débauche de se faire de la réclame, a essayé d'en limiter le domaine d'application. Elle a décidé, que, si l'annonce porte massage anglais ou persan, elle peut être poursuivie. Distinction illogique, comme nous l'avons montré.

Si on s'attache à la protection de l'éducation sexuelle du mineur, ces annonces, quelle qu'en soit la forme, sont frappées. On ne cherche plus les caractères de la rédaction ; on cherche le but poursuivi par l'auteur de l'annonce : indiquer l'adresse de la maison de tolérance dont il est le propriétaire. Ces annonces paraissent dans des journaux pornographiques de prix modique. Le mineur, déjà perverti, qui achète ces publications, n'est pas dupe des mots. Il sait ce que veut dire « Maison de massage ». On lui donne les indications qui lui permettront de satisfaire ses passions sexuelles. Le père de famille est lésé dans ses droits. La répression doit intervenir.

Il en est de même pour les correspondances publiques qui pullulent sur les pages des couvertures de journaux licencieux et qui ne sont frappées que si leur rédaction est obscène. Par elles le mineur va être mis en relation avec des femmes de mœurs légères, malades pour la plupart, qui vont achever de le pervertir et de ruiner sa santé. Le père de famille doit pouvoir surveiller les relations de son fils et le protéger contre la dépravation.

On le voit, donc, la réforme que nous voudrions voir introduire dans nos lois n'est pas seulement une question de mots. Elle se traduit par des avantages pratiques évidents. Elle fait clairement ressortir les intérêts à protéger. Nous ne sommes plus en face de vagues notions de morale, de pudeur, qu'on essaye de défendre, sans y arriver jamais.

CHAPITRE III

Conséquence de la réforme en ce qui concerne le droit de poursuite des particuliers et des associations (1).

Nous avons vu dans les chapitres précédents combien il est difficile pour le juré, pour le magistrat, de savoir s'il se trouve ou non en présence d'une œuvre obscène. Notre législation sur les bonnes mœurs n'a pas ce seul défaut. Elle n'est pas seulement imprécise dans son fondement, elle est inefficace dans son application. Le plus souvent le délit n'est pas poursuivi. Comment expliquer cela ?

D'abord par les entraves apportées à l'action des particuliers. Le plus souvent une personne est lésée par un délit : vol, faux témoignage, homicide. Elle va souffrir moralement ou pécuniairement. Elle va pouvoir se porter partie civile, mettre en mouvement l'action publique. L'inertie du Ministère public va trouver un remède.

(1) Nourrisson, *L'association contre le crime*, 1901.
Revue pénitentiaire, 1896. « La poursuite des crimes et délits par les associations ».

Rien de pareil en matière d'outrage aux bonnes mœurs. Ce délit est un délit social. Il est réprimé par le législateur sous le titre I du livre III : « délits contre la chose publique ». C'est la généralité des citoyens, et non plus un individu, qui est lésée. Un passant voit-il dans la vitrine d'un libraire des livres scandaleux, des photographies trop suggestives, il ne subit pas le préjudice direct, immédiat, exigé pour la constitution de partie civile. Il peut, il est vrai, recourir à la dénonciation, porter à la connaissance du parquet le délit dont il a été témoin. En pratique il ne le fait pas, cela pour deux raisons :

Le plus souvent le Ministère public ne tient aucun compte de la dénonciation. Nous verrons tout à l'heure pourquoi. En second lieu on est assez porté, en France, à considérer les obcénités comme des manifestations de l'esprit gaulois, de la vieille gaîté française. Celui qui saisit la justice d'un délit d'outrage aux bonnes mœurs, est considéré comme un prude, un béotien. Il est tourné en ridicule. On lui reproche d'avoir plus de pudeur que de vertu. Souvenons-nous de toutes les railleries, de toutes les médisances et de toutes les calomnies, qu'a suscitées la courageuse compagne du sénateur Béranger, surnommé « le père de la pudeur ». Dans ces conditions les particuliers restent dans l'inaction et ne dénoncent pas.

La rareté des poursuites s'explique d'un autre côté par les craintes du ministère public. La politique, la hideuse politique, a pénétré là comme dans bien d'autres domaines, qui auraient dû lui rester étrangers. M. Picot (1), dans une séance de la société des prisons constatait cette emprise du Gouvernement sur la magistrature.

« Un vieil adage du Parlement de Paris disait « la plume est serve et la parole libre » ; j'ai connu des magistrats des Parquets qui m'ont laissé dans l'esprit un souvenir trop profond pour que je ne respecte pas les représentants du Ministère public ; mais il n'en est pas moins vrai que la plume est serve, à ce point qu'ils peuvent poursuivre ou ne pas poursuivre sur l'ordre de qui ? sur l'ordre du représentant politique de l'Etat, du représentant d'un parti dans l'Etat. Nous sommes loin du temps où les grands Procureurs généraux de la Restauration et du Gouvernement de Juillet soutenaient l'indépendance des Parquets vis-à-vis de la Chancellerie. Le Garde des Sceaux exerce aujourd'hui une autorité toute-puissante sur l'action publique. »

Le Garde des Sceaux, dont parlait M. Picot, est un homme élu. Il a toujours la crainte, plus ou moins raisonnée, de porter atteinte à la liberté de la presse en poursuivant l'outrage aux bonnes mœurs commis par la voie des journaux. Cette presse lui est nécessaire pour assurer sa réélection. De là des circulaires ten-

(1) *Revue pénitentiaire*, 1896, p. 43.

dant à décourager l'action des Parquets comme celle de M. Cazot (1) au sujet de la loi de 1881 :

« Le Gouvernement en avait en quelque sorte devancé l'application en répudiant depuis longtemps la plupart des délits qu'elle a abrogés. Vous observerez encore la même réserve. En ce qui concerne les délits proprement dits vous aurez à apprécier dans chaque cas particulier l'intention, le préjudice, l'intérêt public en jeu. Vous m'en référerez, comme par le passé, chaque fois que l'affaire l'exigera, sauf à commencer les poursuites en cas d'urgence. »

Le Ministère public n'est pas le seul à ne pas remplir consciencieusement ses fonctions. Le rôle d'informateur appartiendrait naturellement aux Maires. Ce sont eux, qui sont chargés de la police des rues. Ils devraient saisir le Parquet toutes les fois qu'ils constatent une infraction. Les Maires ne remplissent pas leur rôle. Bien loin de verbaliser contre les pornographes, ils s'efforcent de les protéger. Ils ont peur de s'attirer leur inimitié. Comme le Ministre de la Justice, eux aussi, ont besoin d'assurer leur réélection.

A côté de ces raisons politiques, nous trouvons des raisons pratiques. Le Ministère public néglige de poursuivre des livres obcènes, parce qu'il connaît l'inutilité de ces poursuites. Le pornographe a les

____

(1) Rapporté par Eyquem, *op. cité*, p. 185.

honneurs de la Cour d'assises. Pour lui on met en mouvement une procédure compliquée, longue, coûteuse. Tout cela pour aboutir à un acquittement. L'auteur du délit bénéficie d'une réclame inespérée, dont la société fait les frais. Il tire un profit pécuniaire des poursuites engagées contre lui. Son œuvre nocive est répandue à des milliers d'exemplaires. Mieux vaut l'abstention que l'obtention d'un pareil résultat.

Dès lors, qu'importent toutes les mesures prévues chez nous par les quatre lois relatives à l'outrage aux bonnes mœurs, puisqu'en pratique les poursuites sont rarement engagées, puisque, en cas de poursuites, les peines ne sont presque jamais appliquées ?

Comment assurer la punition des pornographes ?

Un juriste, dont la spécialité consiste à s'occuper des bonnes mœurs, M. Nourrisson (1), a cru trouver le remède. Il accorde le droit de poursuite aux associations. Examinons les arguments présentés par l'auteur. Voyons dans quelles mesures le principe nouveau s'accorde avec nos institutions, avec nos mœurs, avec notre jurisprudence.

Le Ministère public a seul l'exercice de l'action publique. C'est là un des principes les mieux établis de notre législation pénale. Les particuliers ne peuvent que mettre en mouvement l'action publique en se cons-

______

(1) Nourrisson, *L'association contre le crime, Répression de l'outrage aux bonnes mœurs*, 1905, p. 128. *De la participation des particuliers à la poursuite des crimes et délits*, p. 280.

tituant partie civile, à la condition de subir un préjudice actuel et immédiat. Ils ne peuvent pas, guidés par des considérations morales plus ou moins élevées, vouloir se présenter comme auxiliaires du Ministère public. En cas de carence de ce dernier, il leur est impossible de le remplacer.

Ce qui est vrai d'un particulier, est vrai, à plus forte raison, d'une association. Celle-ci ne peut avoir plus de droits que les membres qui la composent.

Cela étant, comme l'outrage aux bonnes mœurs lèse lèse la collectivité tout entière, et non pas des citoyens déterminés, le Ministère public seul peut agir. Nous avons constatés les effets déplorables de cet état de choses. M. Nourrisson veut y remédier. Il fait de l'association l'auxiliaire, au besoin le remplaçant, du Ministère public. Cette idée, brillamment présentée dans son livre « L'Association contre le Crime », a soulevé des controverses passionnées. L'auteur, il convient de le remarquer, ne s'occupe pas seulement des associations à propos de l'outrage aux bonnes mœurs. Il brise ce cadre trop étroit. Il veut donner des armes à toutes les associations qui visent à atteindre un but de moralité. N'est-ce pas là une révolution ? Pas du tout, répond l'auteur. Le principe, qui attribue au Ministère public le monopole de l'action publique, n'a pas un caractère absolu. Les particuliers peuvent mettre l'action publique en mouvement en usant du droit de citation directe. En apparence, ils demandent la réparation du dommage qui leur a été causé ; en réalité, le chiffre dérisoire de l'indemnité demandée parfois le prouve bien, ils cherchent à obtenir une condamnation, à exercer leur vengeance contre leur adversaire. Pourquoi une association, au lieu d'exercer un droit de vengeance, ce qui est peu noble, ne pourrait-elle pas agir au nom de principes supérieurs et demander ouvertement une condamnation ?

Autre argument. De nos jours des citoyens directement lésés par une infraction, peuvent se réunir et agir ; ils constituent une association qui pourra agir en leur nom. A quoi bon cette façade ? Pourquoi exiger d'une association qu'elle cache ses véritables desseins, qui sont d'agir dans l'intérêt de la collectivité, derrière des signatures de particuliers lésés ? Donner à une association le droit d'agir dans un intérêt collectif ne semble pas en contradiction avec la pratique journalière.

On objectera : « Le Ministère public a le monopole de l'action publique ; il constitue un rouage essentiel de notre organisation judiciaire. En accordant ces droits aux associations, vous allez l'affaiblir d'autant, peut-être même le rendre inutile ».

A cela on peut répondre : « Le Ministère public, au contraire, va trouver dans les associations un auxiliaire très précieux. Il gardera ses droits. Il surveillera l'action des associations. Celles-ci seront d'autant plus utiles que, bien loin d'être guidées par des motifs politiques, elles s'inspireront de l'intérêt collectif ».

M. Nourrisson, après avoir invoqué tous ces arguments, nous montre l'exemple de l'étranger. Le Ministère public existe en Ecosse, en Angleterre ; dans ces deux pays, cependant, les associations exercent le droit de poursuites. « La National Vigilance Association » joue un rôle bienfaisant, salutaire. Elle est devenue la terreur des pornographes. Le plus souvent elle n'a même pas besoin de recourir à des poursuites. Il lui suffit d'envoyer des « avertissements » aux délinquants, pour que ceux-ci fassent disparaître de leurs vitrines les objets, livres ou dessins obscènes.

Il termine son exposé en nous déclarant que ces associations, conformément à l'idée de M. Le Poitevin, seraient autorisées par la Cour d'appel. Elles auraient la personnalité civile. Elles jouiraient des pouvoirs les plus étendus. « L'association ainsi investie de la capacité de poursuivre, pourrait, non seulement mettre en mouvement l'action publique en exerçant le droit de citation directe, mais elle pourrait aussi l'exercer, c'est-à-dire conclure à l'application d'une peine (1). »

Ces idées ingénieuses ont été concrétisées dans une proposition de loi, émanée de MM. Bérenger, Ribot et Strauss, présentée au Sénat en 1919 et qui n'a pas abouti :

(1) Nourrisson, *Répression de l'outrage aux bonnes mœurs,* 1905, p. 144.

« Art. 1ᵉʳ. — Les associations légalement constituées dans un but d'intérêt général ou public, et spécialement autorisées à cet effet par la Cour d'appel du ressort de leur siège social statuant en Chambre du Conseil, le Ministère public entendu, auront le droit de poursuivre devant les tribunaux de répression, soit par voie de citation directe, soit en se portant partie civile, dans les termes des articles 63 et 182 du Code d'Instruction criminelle, les crimes, les délits ou contraventions se rattachant à l'objet de leur institution.

« Art. 2. — L'autorisation conférée par la Cour d'appel peut être révoquée par elle pour faute grave, d'office ou sur la réquisition du Ministère public. »

Le Sénat a agi sagement en rejetant cette proposition de loi. Les idées de M. Nourrisson aboutiraient, si elles étaient suivies, à un véritable bouleversement des principes de notre législation. Elles se heurtent à une pratique judiciaire, à des mœurs dont on est bien obligé de tenir compte.

Le principal reproche qu'on peut faire à cette réforme, c'est de ne pas être pratique. Le Ministère public est guidé souvent par des considérations politiques, mais il est composé de magistrats auxquels les citoyens font confiance. On tolère du Ministère public ce qu'on ne tolèrerait pas des particuliers constitués en association, même autorisée par la Cour d'appel. En cas de poursuites inconsidérées, les associations soulèveraient de telles récriminations de la part de la presse et de la majorité de la population qu'elles seraient rapidement balayées. Notre mentalité française est naturellement hostile à l'ingérance des particuliers dans les affaires privées. Elle ne supporterait pas qu'une association, même agissant dans un intérêt collectif, vienne réclamer l'application d'une peine. Il est dangereux d'invoquer l'exemple des peuples anglo-saxons, où les conceptions morales diffèrent essentiellement des conceptions morales des peuples latins, où le système accusatoire s'est acclimaté durant des siècles, où le Ministère public n'a jamais eu comme chez nous, un véritable monopole.

En outre, si nous entrons dans le détail des réformes proposées, nous y trouvons des propositions inacceptables. En vertu de quel principe les cours d'appel auraient elles le droit d'autoriser les associations à exercer les poursuites ? Que devient la séparation fondamentale entre les pouvoirs administratifs et judiciaires ? Comment les Cours d'appel pourraient-elles conférer un droit qu'elles n'ont pas elles-mêmes ? Les Procureurs de la République n'exercent l'action publique que parce qu'ils ont reçu une délégation du Pouvoir exécutif. Ce n'est pas aux Cours d'appel qu'il appartient de donner l'autorisation ; c'est au Président de la République. Si de nos jours, on craint la subordination des Parquets au pouvoir politique, combien plus dangereuse sera l'ingérence de cette

même politique dans le fonctionnement des associations qu'elle aura autorisées. On aboutira à l'arbitraire.

Cela est tellement vrai que les partisans du droit de
poursuite des associations ont prévu l'objection et
essayé d'y remédier. Un ancien magistrat, M. Camoin,
de Vence, s'exprimait ainsi à la Société des Prisons (1) :

« M'appuyant sur ces deux raisons : nécessité d'empêcher l'arbitraire administraif, garanties offertes par
le pouvoir judiciaire, j'estime qu'au lieu de laisser à
l'administration la faculté d'accorder ou de refuser à
son gré le droit de poursuite à telle ou telle association, ce droit devrait être, en principe, accordé à toutes
les associations reconnues d'utilité publique. Le Ministère public pourrait s'opposer à l'exercice du droit
de poursuites dans le cas où il le jugerait dangereux.
Mais l'association aurait un recours contre le Ministère public devant le Tribunal en Chambre du Conseil. De cette manière, il est certain qu'on échappe à
l'arbitraire administratif : on reste dans la voie judiciaire ; c'est l'autorité judiciaire qui a le dernier mot
quant à l'exercice du droit de poursuite. Il est incontestable qu'on respecte mieux ainsi le principe essentiel de la séparation des pouvoirs ».

Il est étonnant de voir un ancien magistrat donner

(1) *Revue pénitentiaire*, 1896 ; (*Poursuites des crimes et délits
par les associations*).

autant de droits à une association qu'au Ministère public. L'association, en cas de conflit avec les Magistrats du Parquet, ne serait pas obligée de s'incliner. Elle aurait un recours devant le Tribunal en Chambre du Conseil. Celui-ci tendrait fatalement à faire prévaloir les idées du Ministère public, comme lui composé de Magistrats professionnels. A côté de ce premier défaut, la proposition de M. Camoin de Vence en présente un second. Contrairement à ce que semble dire le Code d'Instruction Criminelle, l'action publique n'appartient pas au Ministère public, qui n'en a que l'exercice, en vertu d'une délégation de la puissance publique. Le tribunal n'a aucune qualité pour contrôler l'exercice de cette action. On méconnaît le principe de la séparation des pouvoirs et le principe de l'indépendance des Parquets vis-à-vis des tribunaux et des Cours.

Nous concluons donc au rejet de la réforme proposée par M. Nourrisson. Il faut trouver un remède conforme à nos mœurs, à nos pratiques jurisprudentielles, à nos lois.

La jurisprudence applique l'article 1 du Code d'Instruction criminelle. Elle refuse toute action aux particuliers qui se prétendent lésés par un outrage aux bonnes mœurs. Le législateur a considéré le délit comme un délit contre la chose publique et s'en est occupé au livre III, titre II du Code pénal. Il a mis en relief le caractère social du délit ; sans doute, certains délits contre la chose publique, comme le faux en écritures privées, la falsification des marchandises, l'abus d'autorité, peuvent donner lieu à une constitution de partie civile. Mais dans ces cas, on découvre un dommage personnel et direct. En matière d'outrage aux bonnes mœurs, rien de semblable. Ni particuliers, ni associations ne peuvent user du droit de citation directe. La jurisprudence en ce sens est constante :

S. 1920-1-321. Le Comité de vigilance pour la protection de la Jeunesse et M. Bouchard, Président du Comité agissant en son nom personnel, avaient cité devant le Tribunal de Police correctionnelle de Bordeaux, Geissler, industriel forain, tenancier d'un musée pathologique. Le 20 Juin 1912, le Tribunal de police correctionnelle de Bordeaux a rendu le jugement suivant (1) :

« En ce qui concerne la recevabilité de l'action du « Comité de Vigilance » ; attendu que le Comité de Vigilance représente une association formée conformément à la loi de 1901 ; qu'il est incontestable qu'il a le droit d'ester en justice, mais que comme plaideur, il doit justifier d'un intérêt ; attendu en l'espèce qu'il s'agit de la lésion d'un intérêt purement moral ; que l'outrage aux bonnes mœurs est essentiellement relatif, suivant les objets, les personnes, les sexes, les époques, les pays ; que telle image, telle chose peut être obscène

(1) Pour les commentaires de ce jugement consulter la note de M. Hugueney au Sirey et la *Revue pénitentiaire*, de 1913, p 1200· *Chronique judiciaire.*

aux yeux des uns et ne pas l'être aux yeux des autres ; qu'en tous cas, ce qui peut choquer la pudeur de femmes, d'enfants, d'adolescents même, ne peut porter atteinte à des gens d'âge mûr ou à des vieillards ; que telle profession s'exerce au milieu de spectacles qui seraient obcènes pour d'autres ; que ce qui aux XVIIe et XVIIIe siècles aurait choqué la pudeur contemporaine paraissait au contraire naturel à des époques de morale moins raffinée ; que les costumes sommaires de certains peuples qui n'excitent ni curiosité sensuelle, ni passion dans leur milieu, seraient condamnés comme immoraux en Europe ; qu'il est assez difficile dès lors de concevoir qu'une personne morale, qui n'est qu'une abstraction, ait une pudeur susceptible de souffrir d'exhibitions ou spectacles qu'elle ne peut percevoir et dans quelles mesures elle peut être offensée ou ne l'être pas, le délit d'outrages aux bonnes mœurs étant si arbitraire et si conventionnel ; dès lors, l'action du Comité est non recevable comme dénuée d'intérêt, aucun préjudice ne pouvant résulter pour lui de l'infraction poursuivie.

« Mais dit, au contraire, que le sieur Bouchard qui a agi en son nom personnel, est recevable à prouver, etc... »

Ce jugement est assez mal conçu. Il s'appuie sur le système démodé de la fiction de la personnalité de la personne morale pour accorder au président un droit qu'il refuse à l'association. C'est là une erreur, l'association n'est pas un être abstrait, elle est la réunion de plusieurs citoyens. Son intérêt comprend une somme d'intérêts particuliers. Il est difficile d'admettre que la pudeur du Président du Comité soit outragée par une exposition obscène et de nier que la pudeur des autres personnes formant l'association ait eu à souffrir de ces mêmes expositions, en disant : « Une fois réunies, ces personnes forment une personne morale, qui ne peut avoir de pudeur. »

De plus le Tribunal de Bordeaux, pour refuser le droit de se porter partie civile du Comité de Vigilance, fait valoir, qu'il s'agit en l'espèce d'un intérêt purement moral. Il semble oublier que le préjudice moral doit être réparé tout aussi bien que le dommage matériel.

Enfin mettre en relief le caractère arbitraire et conventionnel du délit est une maladresse. L'argument milite en faveur de la suppression du délit, et nous ne comprenons pas comment on peut se baser sur lui pour refuser le droit d'agir à l'association du Comité de Vigilance pour la Protection de la jeunesse, si à côté de cela on accorde ce même droit au Président. Il doit valoir en bonne logique dans un cas comme dans l'autre, le Ministère Public seul pouvant mettre l'action publique en mouvement.

Sur appel interjeté par le Comité de Vigilance la cour d'appel de Bordeaux a rendu un arrêt le 7 mai 1913.

Elle aussi refusait le droit de poursuite aux associations, mais elle donnait la même solution en ce qui concernait les prétentions du Président du Comité. Ses motifs sont autrement probants que ceux fournis par le Tribunal de Police Correctionnelle.

« Mais attendu qu'on ne saurait, relativement à l'exercice et à l'étendue de ce droit, assimiler arbitrairement ladite association à un syndicat professionnel ; qu'elle s'en différencie en ce qu'elle n'est pas formée entre personnes exerçant la même profession industrielle, commerciale ou agricole, et qu'elle ne peut, par suite, avoir la prétention d'agir en vertu d'un intérêt professionnel ou corporatif ; que son action est donc irrecevable comme dénuée d'intérêt, aucun préjudice ne pouvant résulter pour elle de l'infraction poursuivie.

« Attendu au surplus, que par cette infraction, serait lésé le corps social et qu'elle ne peut substituer son action à celle du Ministère Public, seul chargé de poursuivre la répression des fais délictueux où l'ordre public est intéressé.

« Attendu que si aux termes des articles 1 et 63 du Code d'instruction criminelle toute personne qui se prétend lésée par un crime ou un délit a qualité pour se porter partie civile, c'est à la triple condition que l'acte incriminé lui ait causé un dommage matériel ou moral, que ce dommage lui soit personnel et qu'il ait donné naissance à un intérêt direct et à un droit ferme.

« Attendu en fait que le Sieur Bouchard reconnaît n'agir qu'en vertu de l'intérêt qu'il a de voir d'une façon générale réprimer ce qu'il considère comme un outrage aux bonnes mœurs, qu'il n'allègue pas avoir subi un outrage personnel et direct, qu'il n'a donc pas qualité pour agir comme partie civile... »

Cet arrêt est digne d'approbation.

D'abord on devait logiquement rejeter la demande du Sieur Bouchard. Comme le fait remarquer M. Hugueney dans une note remarquable « ce que prétendait pervertie ou en voie de se pervertir le Président du Comité, ce n'était pas sa moralité à lui, elle aurait résisté sans doute à de plus terribles assauts. C'était celle des femmes, des adolescents, des enfants qu'une curiosité malsaine attirait à l'établissement. S'il souffrait, c'était du dommage moral éprouvé par d'autres. S'il se plaignait, ce n'était pas d'un préjudice individuel, pas même d'un préjudice familial ; c'était d'un préjudice social, d'un préjudice commun ou plus exactement peut-être, réputé commun à tous ceux qui font partie du corps social. Il n'avait pas, au sens juridique du mot, la qualité de victime du délit. Il aurait fallu, pour lui accorder l'action, ressusciter l'ancien système de l'accusation populaire. »

D'autre part, le droit refusé au Président devrait l'être aussi à l'association. L'arrêt constate la cloison étanche qui sépare le syndicat de l'association. Le syndicat peut agir en justice pour la défense d'un intérêt professionnel ou corporatif. Les associations, visant à atteindre un but désintéressé, ne peuvent pas agir. C'est regrettable, mais la jurisprudence est ferme sur ce point. M. Hugueney, devant une pareille solution, se montre partisan du droit de poursuite des associations. « L'innovation, si elle présente des dangers, aura au moins un avantage : celui de mettre fin au scandale d'une législation permettant à ceux qui s'enrichissent aux dépens de la morale publique d'exercer l'action syndicale contre ceux qui portent atteinte à leur blâmable industrie, tandis qu'à l'inverse, elle défend aux représentants de la morale d'agir à titre collectif contre ceux qui corrompent les mœurs ».

Reprenons la question et étudions-la successivement du point de vue du droit des particuliers, du point de vue du droit des associations.

1°. Au point de vue du droit des particuliers, le rejet de la demande du président du comité pour la défense de la jeunesse était inévitable. Il découlait des principes les plus élémentaires de notre droit. Le Président de l'association, parti de considérations morales, voulait faire régner les bonnes mœurs, agir dans l'intérêt de tous, jouer un rôle qui incombait au Ministère public. De préjudice, il n'en avait subi aucun : sa pudeur devait avoir subi des chocs plus brutaux que la vue d'objets obscènes. La solution du jugement du tribunal de police correctionnelle, autorisant le sieur Bouchard à faire la preuve de la perversion qu'il avait éprouvée fait sourire. La Cour de Bordeaux a été beaucoup plus raisonnable en repoussant purement et simplement les prétentions de M. Bouchard.

Cette solution était inévitable étant donnée la façon dont le problème avait été posé. Nous croyons qu'elle eut été toute différente, même en l'état actuel de notre législation, si M. Bouchard, abandonnant les idées de morale et de pudeur, s'était placé résolument sur le terrain familial. Père de famille, M. Bouchard aurait dû mettre en relief l'atteinte portée au droit qu'il tenait des articles 373 et suivants du Code Civil sur la puissance paternelle. La Cour, après avoir examiné si les mineurs étaient admis ou non dans l'établissement du sieur Geissler, aurait consacré les droits du Père d'assurer l'éducation sexuelle de son enfant et admis sa constitution de partie civile.

On objectera : « Les enfants du sieur Bouchard n'étaient pas allés eux-mêmes visiter l'établissement pathologique. Le Père n'avait subi aucun préjudice. Les droits qu'il tenait de l'article 373 restaient intacts. Il ne subissait pas un préjudice direct et personnel ».

Il est facile de répondre : Le Père ignore sans doute si l'enfant verra ou ne verra pas, a vu ou n'a pas vu, les objets obscènes exposés dans un musée pathologique ou ailleurs. Mais le préjudice n'est ni éventuel, ni indirect. Par le fait même que l'entrée des mineurs est tolérée dans l'établissement, une atteinte directe et personnelle est portée au droit du Père d'assurer l'éducation de son enfant. Le préjudice est né et actuel. Cela ne fait pour nous aucun doute. Le préjudice moral subi par le Père donne droit à réparation et permet la constitution de partie civile.

Si M. Bouchard avait invoqué ces quelques arguments, le jugement du tribunal de police correctionnelle de Bordeaux, eut admis, comme il l'a fait, la prétention de M. Bouchard, mais avec des motifs différents et la Cour d'Appel n'aurait rien eu à reprendre. La réforme, que nous avons proposée précédemment, consacrerait les droits du Père de famille de se constituer partie civile.

Si M. Bouchard avait développé les arguments que nous avons indiqués devant le Tribunal de Bordeaux, cela n'eut choqué personne. La jurisprudence a commencé à envisager l'obscène à un point de vue familial. Elle proclame, comme dans l'arrêt de la Cour de Bordeaux, comme dans un arrêt de la Cour de Cassation, rapporté au Dalloz 1915-1-151 « que le délit ne lèse que la généralité des citoyens en s'attaquant exclusivement à la morale publique et que par suite il n'entraîne pas en principe un préjudice direct porté à tel ou tel individu ». Mais il y a des cas, où elle admet qu'un dommage est subi, qu'on peut se constituer partie civile. Quels sont ces cas ?

Ceux où il y a eu distribution à domicile de publi-

cations obscènes ou contraires aux bonnes mœurs.
Lisons attentivement un arrêt du 1er février 1910,
— Cour de Paris —, D. 1912-2-209 :

« Considérant d'autre part que l'envoi à domicile,
sans le consentement du destinataire, d'un imprimé
obscène, constitue un acte dommageable à celui-ci et
oblige la personne par la faute de qui le dommage a
été causé à le réparer ; que cette faute a été dans l'espèce beaucoup plus préjudiciable aux appelants ; qu'ils
sont mariés, pères de famille, et souvent obligés, vu
leurs occupations absorbantes et journalières, de se
faire suppléer dans le dépouillement de leur courrier
par leur femme et leurs enfants ; que l'envoi en question était d'autant plus dangereux à ce point de vue
qu'il s'effectuait sous simple bande ; que la Cour a des
éléments suffisants pour évaluer à 200 francs le dommage subit par les appelants ; par ces motifs, infirme
le jugement frappé d'appel en ce qu'il a déclaré les
parties civiles non recevables dans leur intervention ».

Nous ne comprenons pas comment l'envoi à domicile,
sans le consentement du destinataire, d'un imprimé
obscène, peut constituer un acte dommageable, alors
que, si ce même imprimé est distribué sur la voie
publique, le dommage disparaît. La pudeur est choquée
aussi fortement dans un cas que dans l'autre. Comment
expliquer cette contradiction ?

De la manière suivante, croyons-nous. Sans le vouloir, sans le savoir, on fait prédominer le point de vue

familial dans le premier cas, le point de vue social dans le second. On veut protéger le foyer, c'est-à-dire la famille. L'arrêt constate minutieusement « que ces individus étaient mariés, pères de famille, et souvent obligés, vu leurs occupations journalières, de se faire suppléer, dans le dépouillement de leur courrier par leur femme et par leurs enfants » ; c'est là la bonne route qu'il faut suivre. Les enfants n'ont pas lu l'imprimé obscène, mais ils auraient pu le lire. Le père est lésé ; il peut se constituer partie civile.

Des considérations à peu près analogues ont motivé un jugement du Tribunal Civil de la Seine, statuant non plus sur une constitution de partie civile, mais sur une demande de dommages-intérêts (D. 1899-2-52).

« Attendu que, à supposer que l'acte imputé à Chollet ne présente pas tous les éléments d'un délit relevant de la loi pénale et de la juridiction répressive, ce que le Tribunal n'a pas actuellement à rechercher, il constitue tout au moins et sans contestations possibles une faute lourde...

« Attendu que tout citoyen à le droit d'exiger que l'inviolabilité de son foyer domestique soit protégée contre l'envahissement de publications qui y pénètrent, malgré sa volonté, l'offensant dans sa propre dignité et exposant aux pires souillures la moralité de ses enfants et divers membres de sa famille ; qu'en dehors de tout autre préjudice matériel, ce préjudice moral, qui est dans l'espèce, non seulement éventuel, mais

actuel et direct... » De même que précédemment, si on
ne fait pas intervenir des considérations familiales,
on ne peut comprendre pourquoi le destinataire du
prospectus est offensé dans sa dignité quand l'imprimé lui est envoyé à domicile et ne l'est pas si le
même imprimé lui est distribué ailleurs.

Dès lors, pourquoi, si la jurisprudence fait dominer
le point de vue familial quand il s'agit d'imprimés
expédiés à domicile, pourquoi ce point de vue s'efface-
t-il pour faire place à un point de vue social, vague et
imprécis, quand il s'agit de prospectus, journaux,
dessins ou objets obscènes, exposés dans la rue ?
L'enfant qui sort de l'école peut s'arrêter devant une
vitrine et lire le prospectus qui a été envoyé chez lui.
Le danger est plus grand, car le père n'est pas là
pour prendre l'imprimé et le jeter au feu ; et dans ce
cas on vient nous dire : « Le père de famille ne peut
plus se plaindre, il ne subit aucun préjudice. La société seule souffre. C'est au Ministère public à agir ».

La formule que nous proposions : « livres, imprimés,
dessins, etc, qui portent atteinte au droit du Père de
famille, d'assurer l'éducation sexuelle de ses enfants
mineurs », mettrait fin à toutes ces incohérences. Que
le prospectus, le dessin, l'objet soient offerts à domicile ou dans la rue, le Père aurait toujours le droit
d'agir, de se constituer partie civile. Il remédierait à
l'inertie du Ministère public.

2° Au point de vue des droits des associations, l'action du comité de vigilance de Bordeaux a été déclarée irrécevable. Le Tribunal a décidé « qu'il est assez difficile de concevoir qu'une personne morale qui n'est qu'une abstraction ait une pudeur susceptible de souffrir d'exhibitions ou spectacles qu'elle ne peut percevoir ». La Cour s'est appuyée sur des raisons beaucoup plus juridiques. « Attendu qu'on ne saurait relativement à l'exercice et à l'étendue de ce droit assimiler ladite association à un syndicat professionnel, qu'elle s'en différencie en ce qu'elle n'est pas formée entre personnes exerçant la même profession industrielle, commerciale ou agricole ». La Cour d'appel de Bordeaux met en relief le véritable motif qui doit conduire à refuser le droit de poursuite à l'association. Les syndicats professionnels ont obtenu le droit d'agir pour deux raisons :

A) Ils ont des intérêts qui sont lésés.

B) Ces intérêts sont propres à une catégorie déterminée de citoyens, à tous ceux qui exercent une profession similaire.

Les associations, comme l'association contre la licence des rues, qui ont pour objet de poursuivre l'outrage aux bonnes mœurs, se trouvent dans une situation toute différente.

a) La jurisprudence décidant que les particuliers ne sont pas lésés, est obligée de reconnaître à *fortiori* que l'association ne subit pas de dommage.

b) Les associés ne représentent pas une catégorie

déterminée de citoyens. Leurs prétentions sont beaucoup plus hautes. Ils veulent agir au nom de la société toute entière pour réprimer un délit, qui atteint « la pudeur sociale », si je puis m'exprimer ainsi, se substituant au Ministère public. On doit leur refuser le droit de citation directe. Il est inadmissible qu'un groupe de citoyens puisse essayer de remplacer l'Etat. L'Etat a ses représentants, ses fonctionnaires. C'est à eux d'agir, si l'ordre public est atteint. Eux seuls le peuvent, si aucun citoyen n'est lésé. Dans la conception sociale de l'outrage aux bonnes mœurs, seul le Parquet peut mettre en mouvement l'action publique.

Toute différente est la situation, si on défend la famille. Les associations de Pères de famille représentent une collectivité, les Pères de famille, partie d'une collectivité beaucoup plus vaste, plus étendue, l'État. Les intérêts de ces deux collectivités ne sont pas les mêmes. A côté des Pères de famille, l'État comprend des célibataires, des hommes mariés sans enfants. Ceux-ci ont des idées beaucoup plus larges que les Pères de famille ; la pornographie ne les gêne pas. Les associations de Pères de famille ont à faire valoir des idées de morale, d'éducation. Elles protègent l'enfant incapable de se défendre lui-même. Toutes les fois que l'on porte atteinte à l'éducation des enfants, elles subissent un préjudice et doivent avoir le droit de se constituer partie civile.

Dans l'état actuel de la jurisprudence est-ce possible ?

Il faut répondre négativement, une discrimination malheureuse a été faite entre les syndicats et les associations. L'article 6 de la loi du 1er juillet 1901 et l'article 6 alin. 1 de la loi du 21 mars 1884 reconnaissait, l'un aux associations, l'autre aux syndicats, le droit d'ester en justice. Les deux dispositions étaient à peu près semblables. Elles déterminaient vaguement la capacité juridique de ces personnes morales. Les commentateurs admettaient qu'associations et syndicats devaient plaider suivant les mêmes principes. Mais les syndicats, particulièrement actifs et puissants, obtinrent des droits que les associations réclament encore aujourd'hui. Après certains flottements, marqués par les arrêts de la Cour de Cassation du 20 décembre 1907 et du 5 avril 1913, la jurisprudence se fixa dans un sens favorable à l'action syndicale. Abandondant l'idée du syndicat mandataire des syndiqués, elle reconnut l'action civile recevable de la part du syndicat du moment que cette action contribue « à assurer la protection de l'intérêt collectif de la profession, envisagée dans son ensemble et représentée par le syndicat », elle admit que le syndicat était investi, « d'une mission légale » de défense des intérêts professionnels. La loi du 13 mars 1920 consacra cette idée :

« Un syndicat professionnel peut devant toutes les juridictions exercer tous les droits réservés à la partie civile, relativement aux faits portant un préjudice direct ou indirect à l'intérêt collectif de la profession qu'il représente ». Pourquoi refuser aux associations des droits qu'on accorde aux syndicats ?

Messieurs Vidal et Magnol dans leur traité de droit criminel écrivent (1) « : Les associations ont simplement une faculté de dénonciations et il y a là peut-être quelque chose de regrettable. Mais nous ne pensons pas qu'on puisse leur accorder le droit d'intervenir par le moyen de l'action civile classique, car la sanction qu'elles poursuivent ne peut être une sanction de réparation civile, mais une sanction d'intérêt public et par conséquent d'ordre pénal ».

Cet argument, décisif en ce qui concerne les associations contre l'outrage aux bonnes mœurs telles qu'elles fonctionnent aujourd'hui, n'est pas opposable à une association de pères de famille. Une telle association ne poursuit pas seulement une sanction d'intérêt public. Sans doute en se constituant partie civile elle vise avant tout à mettre en mouvement l'action publique, à obtenir une peine contre le pornographe. Mais cela ne choque pas. Chaque jour des personnes se constituent partie civile pour obtenir une condamnation pénale. Le chiffre dérisoire des dommages-intérêts demandés le prouve. Pourquoi faire valoir contre l'association, qui nous occupe, un argument que l'on pourrait invoquer à tout instant contre les particuliers et contre les syndicats eux-mêmes ?

____

(1) VIDAL ET MAGNOL, *Traité de droit criminel*, édit., 1921.

La seule objection vraiment forte a été mise en avant par la Cour de Bordeaux. Une association, par définition, n'aspire pas à défendre les intérêts professionnels. Elle ne poursuit ni un but de lucre, ni un but politique. Elle se laisse guider par des idées de moralité, de charité. C'est là sa faiblesse. Elle n'a pas su emporter de haute lutte, comme le syndicat, des droits qu'elle n'avait pas. Elle n'a pour elle, ni la jurisprudence, ni la loi.

L'absence d'intérêts professionnels à défendre est-elle une raison suffisante pour lui refuser les droits d'agir ?

Nous ne le pensons pas. Une association de Pères de famille contient dans son sein les professions les plus diverses ; elle comprend des forgerons, des épiciers, des magistrats, etc... Ces citoyens ne sont donc pas unis par l'exercice d'une même profession (car ce n'est certainement pas une profession que d'être Père de famille. Les gains n'égalent jamais les dépenses et ne sont pas le but poursuivi). Nous ne sommes plus en présence de marchands de vins ou de pharmaciens, tous animés d'un beau zèle corporatif. Mais ces individus groupés sont unis par un lien plus solide que la défense des intérêts d'une profession. Ce lien, c'est le but qu'ils poursuivent : « assurer l'éducation de leurs enfants ». L'association, en se proposant un tel objet, n'a-t-elle pas créé un intérêt collectif, nettement délimité, propre à une catégorie de citoyens, dignes d'être pris en considération ?

Nous croyons qu'en proclamant la liberté d'association en 1901, le Parlement a posé la première pierre d'un édifice. Il a créé un droit nouveau, en opposition avec le droit individualiste consacré par la Révolution et le Premier Empire. Bon gré, mal gré, il est obligé de poursuivre son œuvre. Beaucoup penseront qu'il est dangereux de donner une puissance trop considérable à des collectivités [et nous ne sommes pas éloignés de leurs opinions. Mais là n'est pas la question. En 1901 le Parlement avait le choix entre deux voies : ou bien maintenir la conception ancienne — l'individu seul ayant des droits — ou bien accorder une existence juridique à des groupements. Il a choisi la deuxième. Il doit supporter les conséquences de l'état de choses qu'il a contribué à établir. Toute collectivité qui a des intérêts à défendre, autres que ceux de l'État, doit pouvoir agir en justice. On mettra fin à une situation immorale, le syndicat remuant et influent ayant des droits que d'autres groupements moins égoïstes, moins utilitaires, se sont vus refuser.

Je crois nécessaire, à propos de cette question si importante, de signaler une note rédigée par un jurisconsulte éminent, M. Chavegrin, à propos d'un arrêt de la Cour de Cassation rapporté au Sirey 1921-1-289. Cet arrêt ne concernait pas l'outrage aux bonnes mœurs ; il statuait sur le droit des Parents de saisir les Tribunaux de l'ordre judiciaire, si une faute personnelle est commise par un instituteur dans le choix des devoirs ou des leçons. A ce sujet, M. Chavegrin examine une question voisine de celle que nous avons étudiée précédemment :

Si le professeur a commis une faute personnelle, une association de Pères de famille peut-elle se constituer partie civile, « car l'instituteur en enfreignant les règles de la morale ou en sortant de la neutralité religieuse a nui aux enfants qu'il instruisait et aux Parents dont il contrecarrait l'éducation » ?

M. Chavegrin reconnaît qu'elle ne le peut pas en l'état actuel de la jurisprudence. Mais il ne s'en tient pas au présent. Il anticipe sur l'avenir et prévoit pour cette association une évolution jurisprudentielle analogue à celle qui s'est produite pour les syndicats avant la loi de 1920. Il termine par ces mots :

« Il est vrai que la jurisprudence repousse certaines actions qui se produisent dans des hypothèses assez voisines de la nôtre ; on juge qu'une association formée pour la sauvegarde de la morale publique « par exemple contre la licence des rues », ne peut pas citer en correctionnelle l'auteur d'un outrage aux bonnes mœurs. Or, les magistrats ne seraient-ils pas en contradiction avec eux-mêmes, s'ils admettaient la défense collective de la religion dans les écoles, après avoir écarté la défense collective de la moralité dans les rues ou ailleurs ? Mais la réponse sera facile. Les associations moralisatrices auxquelles la Cour de Cassation interdit d'agir, ont ceci de particulier, qu'elles se proposent un objet ne touchant spécialement aucun des associés. Lorsqu'elles appellent l'attention du juge sur des faits scandaleux, elles veulent mettre un terme à certains désordres sociaux, et non obtenir la réparation des dommages subis par leurs membres, qui n'en éprouvent personnellement aucun ; elles exercent donc, non l'action civile ouverte à la partie lésée, mais l'action publique dans le sens strict du mot et s'attribuent ainsi un rôle qui, d'après nos lois, ne peut être joué que par le Ministère public. Il en sera autrement des associations de Pères de famille attaquant un instituteur ; elles lui reprochent des actes préjudiciables à leurs adhérents, ou, pour le moins, à partie d'entr'eux ; elles invoqueront le tort, actuel ou éventuel, que la faute du maître poursuivi aura causé à tous les associés ayant leurs enfants dans les écoles primaires. L'action du groupe se présentera, en un mot, avec la nature intéressée qu'elle doit avoir pour ne pas être l'action du Parquet ».

La distinction faite par M. Chavegrin est logique si l'on envisage l'outrage aux bonnes mœurs au point de vue social. Elle est injustifiable si, comme nous l'avons fait, on considère l'outrage aux bonnes mœurs au point de vue familial. Si l'instituteur sort de la neutralité religieuse, il y a atteinte au droit du père d'assurer l'éducation religieuse de son enfant; si le pornographe expose des dessins obscènes, il y a atteinte au droit du père d'assurer l'éducation sexuelle de son enfant : dans les deux cas nous sommes dans le domaine de l'article 373 du Code civil. Dans les deux cas, le père est lésé dans son droit d'exercer la puissance paternelle. Dans les deux cas, la solution doit être la même. M. Chavegrin indirectement nous fournit des arguments à l'appui de notre thèse. Comme il le montre dans son exposé lumineux, la jurisprudence s'orientera vers la possibilité pour un groupement de pères de famille de se porter partie civile, tout en maintenant la solution actuelle pour les associations analogues à l'association contre la licence des rues.

Nous croyons que devant la gravité du danger, il ne faut pas attendre l'évolution jurisprudentielle : il faut voter une loi analogue à celle de 1920 sur le syndicat et accorder aux associations de pères de famille la possibilité de se constituer partie civile, relativement aux faits portant un préjudice direct ou indirect à l'intérêt collectif qu'elles représentent, c'est-à-dire au droit d'éducation. On aura ainsi un excellent remède à l'inertie des Parquets. Les associations des pères de famille, directement intéressées, assureront le châtiment des pornographes, pour le plus grand bien de la famille d'abord et en second lieu de la société elle-même.

TROISIÈME PARTIE

LE THÉATRE ET LE CINÉMATOGRAPHE

Le législateur n'a pu organiser une répression efficace pour punir les auteurs d'outrage aux bonnes mœurs. En matière de théâtre et de cinématographe il a essayé de prendre des mesures préventives. Examinons les résultats qu'il a obtenus.

1° **Théâtre** (1). — La censure théâtrale fut établie par la loi des 16-24 août 1790. « Les spectacles publics ne pourront être permis et autorisés que par les officiers municipaux. » En 1864 elle fut confiée au Ministère des Beaux-Arts. En 1906 le traitement des censeurs a été supprimé par voie budgétaire. En théorie la censure fonctionne toujours. Elle a été abolie en pratique. Pourquoi après une expérience de longue durée a-t-on abouti à un résultat négatif ?

Pour les mêmes raisons qui ont empêché le législa-

---

(1) PETIT, *La censure théâtrale, Thèse,* Paris, 1907.

teur d'arriver à une répression efficace de l'outrage aux bonnes mœurs. Les censeurs ont examiné les pièces qui leur étaient soumises en se plaçant au point de vue social. La discrémination entre la pièce obscène et celle qui ne l'était pas, était difficile à établir ; une pièce obscène pour l'un ne l'était pas pour l'autre. Comment deviner le degré d'immoralité qui pourrait choquer le public ? C'était une question d'éducation, de mentalité toute relative.

Les censeurs en étaient venus à autoriser ou à interdire au petit bonheur. Il était facile de proclamer la nécessité d'être sévère envers les pièces immorales, comme le faisait le sous-secrétaire d'Etat aux Beaux-Arts, le 26 février 1879. « Donnons en politique toute la liberté compatible avec le maintien de la paix publique et gardons toute notre sévérité pour les couplets licencieux et les pièces immorales, nous souvenant que les deux principes de la République sont la dignité et la liberté. » Il était plus difficile de mettre en pratique ces vaines recommandations.

La censure a obtenu des résultats déplorables. Elle en est morte :

Sous le second Empire elle a interdit « le Chandelier » d'Alfred de Musset, aujourd'hui inscrit au répertoire de la Comédie Française, en donnant la raison suivante : « Les mœurs soldatesques de Clavaroche, les passions de Jacqueline ; le rôle que l'on fait jouer à Fortunio, tout ce tableau de mœurs inférieures, brutales et hardies, paraissent à la censure un spectacle immoral ».

Elle a interdit encore « Les Lionnes pauvres », d'Emile Augier. L'auteur ne dut qu'à l'interventionde Napoléon III de voir sa pièce jouée. Il mit en relief la mentalité étrange des censeurs en écrivant un peu plus tard : « N'exigeaient-ils pas que dans les « Lionnes pauvres », Séraphine entre le quatrième et le cinquième acte fut victime de la petite vérole, châtiment naturel de sa perversité ? A cette condition ils amnistiaient la pièce, et c'est là ce qu'ils appellent la moralité du théâtre, en sorte que les « Lionnes pauvres » auraient pu s'intituler « de l'utilité de la vaccine ».

Sous la troisième République elle a autorisé la « Fille Elisa », puis, revenant sur sa décision, elle a arrêté les représentations, M. Millerand, saisit la Chambre de la question. En quoi la prostituée malheureuse, incarnée dans la « Fille Elisa », pouvait-elle choquer les bonnes mœurs ?

Elle a interdit les « Avariés » de Brieux. Ce spectacle, bien loin d'être immoral, détourne de la débauche en faisant ressortir le fléau social que constituent les maladies vénériennes. Cette fois la mesure était comble. M. Couyba demanda l'abolition de la censure et peu de temps après, en 1905, les chambres refusèrent de voter les crédits nécessaires pour payer les traitements des censeurs.

— 114 —

2° **Cinématographe** (1). — La censure cinématographique
est de date récente. Le 1ᵉʳ mai 1917 le Ministre de l'Intérieur créa une commission en vue de réglementer
le cinéma. Les travaux de cette commission aboutirent
à un projet déposé par M. Flandin dont l'article 4 était
ainsi conçu :

« Les films et leurs titres doivent avant d'être repré-
sentés en public, avoir obtenu le visa du Ministère de
l'Instruction publique et des Beaux-Arts. Ce visa vaut
autorisation de représentation sur tout le territoire
français, mais l'autorisation peut toujours être sus-
pendue ou retirée pour des motifs d'ordre public dans
les conditions prévues par les lois des 16-24 août 1890
et 5 avril 1884. Les affiches annonçant les représentations cinématographiques ne peuvent mentionner les
films que sous les titres visés.

Art. 5. — Il est institué auprès du Ministère de l'Instruction publique et des Beaux-Arts, pour écarter tous
les films démoralisateurs, une commission de contrôle
nommée par le Ministère et choisie notamment parmi
membres des assemblées électives des académies, des
les fonctionnaires en activité ou en retraite, des
membres d'associations constituées pour défendre les
intérêts de l'Art, de la littérature, de l'enseignement ou

____

(1) Troisième Congrès national contre la pornographie. LE GOUIS,
Le cinématographe. Deuxième Congrès international pour la
protection de l'enfance, Bruxelles, 1921. CASABIANCA, *Comment
protéger l'enfance des dangers du cinéma*. MEIGNEN et DUMONT,
Le Code du cinéma.

du travail, pour assurer la protection, la moralisation de l'enfance ou de la jeunesse, les représentants de l'industrie et de l'Art cinématographique, les personnalités des lettres et des Arts. »

Ces articles 4 et 5, profondément modifiés, furent promulgués par décret du 25 juillet 1919. Art. 2 : « Il est institué auprès du Ministère de l'Instruction publique et des Beaux-Arts, pour l'examen des livrets ou scénarios et des films, une commission, composée de trente membres nommés par le Ministre. Dix d'entre-eux doivent être nommés par présentation du Ministère de l'Intérieur. Les membres de la commission sont nommés pour trois ans, un tiers devant sortir au mois de janvier de chaque année. Leur mandat est renouvelable. Les femmes peuvent faire partie de la commission ». Cette loi décidait que le visa ne valait pas autorisation de représenter sur tout le territoire français, mais une loi du 31 décembre 1921 revient à la conception de M. Flandin. Le visa vaut aujourd'hui autorisation de représenter sur tout le territoire français.

La commission créée par le décret de 1919 a commencé à fonctionner le 30 janvier 1920. Le directeur de la commission, M. Paul Ginisty, écrit dans son rapport, avec la sérénité souriante propre aux hommes de lettres : « L'épuration des films ne pouvait être complète du jour au lendemain. L'œuvre demandait de la patience et des ménagements : elle est en bonne voie.

C'est donc dans un esprit de conciliation et de tact que la commission a rempli son rôle et des résultats appréciables ont été atteints. »

Nous savons quel degré d'immoralité auraient atteint les films si la commission n'avait pas fonctionné, mais nous n'osons l'imaginer en présence des résultats obtenus pendant le fonctionnement de cette commission. Nous nous sommes vus infliger des films comme : « Poupée de Montmartre », « Le lys dans la vallée ». En fait d'obscénité et de perversité il est difficile de faire mieux. Le scénario, dans la plupart des films, n'est qu'un prétexte à l'exhibition de femmes nues. Nous croyons que bientôt la censure cinématographique subira le sort de la censure théâtrale et cela pour les mêmes raisons.

A côté de la censure il convient de signaler les pouvoirs dont jouissent les maires relativement aux représentations théâtrales ou cinématographiques. L'article 97 de la loi du 5 avril 1894 est ainsi conçu : « La police munipale comprend :

...3º Le maintien de l'ordre public dans les endroits où il se fait de grands rassemblements d'hommes, tels que les foires, marchés, réjouissances et cérémonies publiques, spectacles, jeux, cafés, églises et autres lieux publics. »

En vertu de cet article, malgré la loi de 1921 qui décide que le visa d'un film vaut autorisation de représenter sur tout le territoire français, les préfets et les maires peuvent demander la communication préalable du programme ou la production des films. Un arrêt de 1924 nous dit : « Attendu que l'exercice de ces droits implique la faculté pour les autorités auxquelles ils sont conférés, d'une part, d'exiger avant tout spectacle cinématographique communication du programme ou production des films eux-mêmes, d'autre part, d'interdire la représentation des films ou des catégories de films dont la production, à raison de la nature des scènes reproduites, pourrait, au cas où elles auraient un caractère immoral, être préjudiciables au bon ordre et à la tranquillité publiques dans les circonstances où le Maire et le Préfet sont chargés d'en assurer le maintien. » La loi de 1884 s'applique également en ce qui concerne le théâtre.

Seulement les Maires et les Préfets usent rarement de leurs prérogatives. Ils se soucient avant tout de jouer un rôle politique ; la morale les préoccupe fort peu. Souvent les Maires n'ont pas l'instruction exigée pour exercer ce contrôle. Nous nous souvenons du Maire, qui interdit le « Petit Chose », film tiré du roman d'Alphonse Daudet, parce que, trompé par le titre, il avait cru se trouver en présence d'un film obscène. Nous croyons de plus, que, s'il entre dans les attributions des Maires et des Préfets de faire régner le bon ordre dans la commune ou le département, ces autorités n'ont pas qualité pour exercer un contrôle sur une pièce ou un film obscène quand aucun désordre n'est à redouter. Avec l'interprétation de la loi de 1884 et du 2 mars 1923, on aboutira à l'arbitraire. Telle pièce, tel film, autorisés à Lyon seront interdits à Marseille. Ce résultat est déplorable. Nous croyons qu'il convient de cantonner les Préfets et les Maires dans leur fonction de police et non de leur faire jouer le rôle de censeur.

Que conclure de cet exposé. Quelles réformes pourrait-on proposer?

Nous avons indiqué qu'il conviendrait de limiter les pouvoirs des Maire et des Préfets. Il faudrait de plus rétablir la censure en ce qui concerne le théâtre, la conserver en ce qui concerne le cinéma, mais son rôle devrait être modifié ainsi que sa composition.

A) La principale critique que nous avons adressée à la censure telle qu'elle fonctionnait avant 1906, c'est que le but qu'elle se proposait d'atteindre n'était pas précis. Il est impossible de faire observer les notions supérieures de morale. Ce sont là des questions de sentiments, variables, impossibles à saisir. La magnifique Judith de Bernstein, si parfaitement sensuelle et suggestive dans la scène ou Holopherme offre sa vie en témoignage d'amour, aurait-elle dû être interdite ? évidemment non. Pourtant la censure a mis son veto sur des pièces beaucoup plus innocentes.

La censure devrait viser uniquement à protéger l'enfance. Nous sommes partisans de la création de deux commissions. -

1º La première contrôlerait les pièces de théâtre. Elle devrait se montrer assez tolérante. Un film après avoir été présenté dans la salle de spectacle qui en a la primeur, fait le tour des salles de représentations cinématographiques du pays tout entier. Il n'est point de villes, de villages, où il ne pénètre. Une pièce de théâtre, le plus souvent, est écrite pour être jouée sur une scène déterminée. Les censeurs tenant compte du prix des places, de la clientèle ordinaire du théâtre verraient si la pièce est exposée à être jouée devant des mineurs.

Les censeurs auraient également à considérer si l'Art, voilant la crudité du sujet, ne rend pas la pièce inaccessible à l'intelligence d'un enfant.

2º La deuxième s'occuperait des films ; son rôle serait très délicat ; le danger que présente le cinématographe pour l'enfance est très grand. Le cinématographe s'est démocratisé. Il est accessible à toutes les bourses ; les enfants, dans la classe ouvrière comme dans la classe riche, économisent sou par sou, afin assister à une représentation cinématographique, et combien la vue des films scandaleux risque de corrompre leur âme !

Meignen écrit dans le « Code du Cinéma » (1) : « Ce

(1) *Op. cité.*

n'est pas au cinéma que l'on prend les mauvais exemples ; les images s'y succèdent avec rapidité, ne laissant d'autres traces que celle de l'émotion ressentie, de la conclusion toujours morale ».

Cette affirmation est fausse. Le film produit sur l'enfant une impression profonde. il s'agit d'images dont la succession va donner l'illusion de la vie elle-même. Si l'enfant voit un film qui représente des scènes de débauche, il sera troublé comme si dans la réalité il assistait à une scène de débauche.

Aussi les censeurs devraient interdire rigoureusement tous les films qui mettraient la question sexuelle à la portée de l'intelligence du mineur. Si un film s'adressait uniquement à des personnes adultes, ils délivreraient, sur demande de l'auteur du scénario, un visa spécial. Dans ce cas, l'entrée de la salle de spectacle serait interdite aux mineurs. En cas de fraude, l'établissement serait fermé.

B) Voilà quel devrait être le rôle de la censure. Il faudrait modifier aussi la composition des commissions. Actuellement la commission, qui formule son avis avant que le Ministre de l'Instruction publique accorde le visa, est composée de trente membres choisis parmi les membres des assemblées électives, des associations artistiques ou littéraires, des œuvres de protection ou de moralisation de l'enfance et des représentant de l'industrie cinématographique.

Etant donné le rôle que nous avons assigné à la censure, les commissions seraient composées de délégués des associations de pères de famille. Ceux-ci seraient directement intéressée à protéger les enfants. Ils seraient qualifiés pour jouer le rôle de censeur.

L'idée de protéger l'enfance est-elle nouvelle dans ce domaine ? En ce qui concerne le théâtre il faut répondre affirmativement, mais il n'en est pas de même en ce qui concerne le cinématographe.

En France, au cours de la guerre, en 1916, le Maire de Valence défendit à tout directeur de cinématographe de recevoir les mineurs de 16 ans et au-dessous non accompagnés de leurs parents.

Dans notre département, récemment recouvré du Bas-Rhin, sur pétition de 55 associations d'Alsace et de Lorraine, le Préfet a réintroduit pour le district de Strasbourg un arrêté qui avait été pris par le gou_vernement allemand le 1er septembre 1910. On organise des représentations enfantines. Les enfants âgés de moins de 16 ans et qui ne fréquente plus l'école ne peuvent assister aux représentations autres que les représentations enfantines que s'ils sont accompagnés de leurs parents. Le contrôle des films est confié à des membres de l'enseignement qui ont charge de vérifier chaque film introduit à Strasbourg et dans sa banlieue. Cette réforme a, paraît-il, donné de très bons résultats.

Sans doute ce ne sont là que des manifestations isolées, mais cela prouve que des personnes compétentes ont déjà compris la nécessité d'organiser la lutte contre la démoralisation des mineurs.   •

A l'étranger, le législateur lui-même s'est occupé de la question : en Suisse, l'entrée des cinématographes publics est interdite aux adolescents de moins de 16 ans. A Genève on a fait contruire une salle de spectacle ou chaque semaine plusieurs milliers d'écoliers voient présenter des films et cela gratuitement. Des films spéciaux sont projetés également dans 40 % des écoles communales.

En Suède et en Norvège, les enfants au-dessous de 15 ans ne sont pas admis aux représentations après huit heures du soir à moins d'être accompagnés de leurs parents. Certains spectacles leur sont interdits et des pancartes bien en vue doivent indiquer si les enfants sont admis ou non.

En Belgique, enfin, sous l'énergique impulsion de M. Vandervelde, le Parlement a voté le 18 février 1921 une loi, afin de protéger l'enfance. Cette loi interdit l'entrée des salles de spectacles cinématographiques aux mineurs âgés de moins de 16 ans. Elle prévoit l'organisation de spectacles réservés aux enfants et soumis au contrôle d'une commission locale de trois Pères de famille. Des sanctions pénales sont édictées, ainsi que la faculté d'ordonner la fermeture.

Il convient de suivre l'exemple de ces législations.

CONCLUSION

Il résulte de ce rapide exposé que la réforme dont nous souhaitons la réalisation aurait des conséquences pratiques considérables.

D'une part pour protéger le mineur on chasserait des librairies, des kiosques, toutes les productions obscènes qui s'y étalent. Les personnes, dont la pudeur est particulièrement délicate, se trouveraient protégées elles aussi. C'est une remarque sur laquelle il convient d'insister, pour vaincre les scrupules de ceux que choquerait notre idée de l'obscène envisagé comme lésant uniquement le mineur.

D'autre part, le seul moyen d'élever le niveau de moralité d'un Etat est de veiller à ce que l'esprit de l'enfant, essentiellement malléable, soit bien modelé, bien façonné. Travailler pour la famille ; c'est travailler pour la société. Il n'y a pas d'antimonie entre ces deux collectivités. Un peuple dégénéré ne peut être révifié, si le mal qui le mine n'est atteint dès que se manifestent ses premiers symptômes, au moment où il pénètre dans l'âme de l'enfant. Plus tard il est trop tard. L'esprit est formé, les habitudes sont prises, tout remède se révèle inefficace. Il faut assurer l'éducation de l'enfant, pour former des hommes forts au physique et au moral.

BIBLIOGRAPHIE

EYQUEM. — *De la répression des outrages aux bonnes mœurs.*
NOURISSON. — *Législation sur l'outrage aux bonnes mœurs.*
— *L'association contre le crime.*
PLANIOL. — *Traité élémentaire de droit civil.*
LIONEL D'AUTREC. — *L'outrage aux mœurs.*
LEPOITTEVIN. — *Traité de la presse.*
BARBIER. — *Traité de la Presse.*
BÉRENGER. — *Manuel antipornographique.*
FOERDEN. — *Exposé des dispositions pénales concernant les délits contre les mœurs dans divers pays.*
CASABIANCA. — *Comment protéger l'enfance du danger du cinéma.*
JALABERT. — *Le film corrupteur.*
MEIGNEN. — *Le code du cinéma.*
PETIT. — *De la censure dramatique.*
— Troisième Congrès national contre la pornographie.
— Congrès international contre la pornographie.
— Revue pénitentiaire.
— Vergleichende Darstellung des deutschen und ausländischen Strafrechts.
— Annuaire des législations étrangères.
— Répertoire pratique Dalloz.

TABLE DES MATIÈRES

SAINT-AMAND (CHER). — IMPRIMERIE R. BUSSIÈRE.